Die Zweckübertragungslehre im Urheberrecht und ihre Anwendbarkeit im Patent- und Markenrecht

Europäische Hochschulschriften Recht

European University Studies in Law

Publications Universitaires Européennes de Droit

Band/Volume 6162

PETER LANG

Clarissa Katharina Kraus

Die Zweckübertragungslehre im Urheberrecht und ihre Anwendbarkeit im Patent- und Markenrecht

PETER LANG

Bibliografische Information der Deutschen Nationalbibliothek
Die Deutsche Nationalbibliothek verzeichnet diese Publikation in der Deutschen Nationalbibliografie; detaillierte bibliografische Daten sind im Internet über http://dnb.d-nb.de abrufbar.

Zugl.: Frankfurt (Main), Univ., Diss., 2019

Gedruckt auf alterungsbeständigem, säurefreiem Papier.
Druck und Bindung: CPI books GmbH, Leck

D 30
ISSN 0531-7312
ISBN 978-3-631-80914-3 (Print)
E-ISBN 978-3-631-81568-7 (E-PDF)
E-ISBN 978-3-631-81569-4 (EPUB)
E-ISBN 978-3-631-81570-0 (MOBI)
DOI 10.3726/b16914

Diese Publikation wurde begutachtet.

www.peterlang.com

Für meinen Papa (1959–2012)

Die vorliegende Arbeit wurde von der Rechtswissenschaftlichen Fakultät der Johann Wolfgang Goethe-Universität Frankfurt am Main im Sommersemester 2019 als Dissertation angenommen. Rechtsprechung und Literatur konnten bis Dezember 2018 berücksichtigt werden.

Zunächst möchte ich meinem Doktorvater, Herrn Prof. Dr. Louis Pahlow, für die intensive Betreuung und die wertvollen Anregungen bei der Konzeption und der Erstellung der Arbeit danken. Darüber hinaus danke ich Herrn Prof. Dr. David von Mayenburg für die zügige Erstellung des Zweitgutachtens.

Von ganzem Herzen gilt mein Dank meinem Freund, Dr. Dominik Stier, der mit seiner Liebe, seiner Unterstützung und seiner Geduld in guten wie in schlechten Zeiten an meiner Seite steht. Nicht in Worte fassen lässt sich der Dank, den ich meiner Familie aussprechen möchte. Die unendliche Liebe meines verstorbenen Vaters, meiner Mutter, meines Bruders und meiner beiden Omas ist das größte Geschenk, das sich ein Kind nur wünschen kann. Ihnen allen ist diese Arbeit gewidmet.

Frankfurt am Main, im November 2019 Clarissa Katharina Kraus

Inhaltsverzeichnis

Einleitung

Der Schutz des Urhebers vor einem umfangreichen Verlust von Nutzungsrechten an seinem Werk ist nicht erst das Anliegen der jüngeren urheberrechtlichen Literatur, sondern bewegt diese schon seit der Jahrhundertwende. Während zu Beginn des 19. Jahrhunderts noch das Verlagswesen die dominierende Verwertungsart urheberrechtlicher Werke war,[1] entstanden um das Jahr 1900 neue Verwertungsmöglichkeiten wie etwa der Phonograph, später dann das Grammophon, der Rundfunk und der Film. Bei Abschluss der Verlagsverträge um die Wende zum 20. Jahrhundert hatten Urheber und Verleger zumeist nur die „Übertragung des gesamten Urheberrechts" vereinbart. Mit der Entstehung neuer Verwertungstechniken stellte sich die Frage, ob auch diese Bestandteil der Nutzungsrechtseinräumung des ursprünglichen Vertrages geworden waren. Freilich nahmen die Verleger die neu entstandenen Verwertungsmöglichkeiten in ihr Repertoire auf, da sie bei wortlautgetreuer Auslegung des Vertrages das gesamte Urheberrecht an den Werken beanspruchen konnten. Die Urheber sahen dagegen die neu entstandenen Rechte an ihren Werken weiter bei sich, zumal noch keine der Parteien bei Abschluss des Verlagsvertrages Schallplatte, Film oder Rundfunk kannte.

Die Frage nach einer rechtlichen Zuordnung von neu entstehenden Verwertungsmöglichkeiten beschäftigt Rechtsprechung und Literatur bis heute. Insbesondere durch die stetig wachsende Digitalisierung kann ein urheberrechtliches Werk im 21. Jahrhundert in einer Vielzahl von Arten vervielfältigt werden. Beispielsweise wird der Urheber eines Zeitungsartikels damit konfrontiert, dass sein Artikel heute nicht mehr nur in der Printausgabe der Zeitung, sondern auch in online-Zeitschriften oder Apps publiziert werden kann. Als Folge der sog. Neuen Medien steht der Artikel des Urhebers dann einem unbeschränkt großen Publikum für eine unbegrenzte Zeit auf der ganzen Welt zur Verfügung. In der überwiegenden Zahl der Fälle hat der Urheber nicht die Möglichkeit, sich gegen eine derart umfassende Veröffentlichung und Verbreitung seines Werkes zu entscheiden, da er auf die Verwertung seines Werkes und die finanzielle Gegenleistung angewiesen ist. Gleiches gilt für Arbeitnehmerurheber, die bereits bei Abschluss des Arbeitsvertrages die Nutzungsrechte an ihren Werken vollständig auf den Arbeitgeber übertragen müssen, ohne hierfür über ihr Gehalt hinaus angemessen vergütet zu werden. Trotz zahlreicher Versuche, das Gefälle

1 *Allfeld*, Urheberrecht, S. 71; *Müller*, Urheber- und Verlagsrecht Bd. 1, S. 38.

zwischen Urhebern und Verwertern aufzuheben – zuletzt im Jahre 2002 durch das Gesetz zur Stärkung der vertraglichen Stellung von Urhebern und ausübenden Künstlern –, befindet sich der Urheber nach wie vor in der schwächeren Verhandlungsposition. Diesem Missverhältnis soll zum einen die sog. Zweckübertragungslehre entgegenwirken. Nach der Zweckübertragungslehre ist im Zweifel davon auszugehen, dass der Urheber dem Erwerber bei nicht eindeutigen oder zweifelhaften Parteiabsprachen nur in dem Umfang Rechte überträgt, der für die Erreichung des Vertragszwecks erforderlich ist.[2] Dies resultiert aus der Tendenz des Urheberrechts, so weit wie möglich beim Urheber zurückzubleiben.[3] Zum anderen hat der Gesetzgeber durch Erlass des § 31 Abs. 5 UrhG im Jahre 1965 den Versuch unternommen, die Vertragsparteien zu einer Spezifizierung der einzuräumenden Nutzungsrechte zu verpflichten, um dem Urheber vor Augen zu führen, welche Nutzungsrechte er an seinem Werk verliert:[4] Sind bei der Einräumung eines Nutzungsrechts die Nutzungsarten nicht ausdrücklich einzeln bezeichnet, so bestimmt sich nach dem von beiden Partnern zugrunde gelegten Vertragszweck, auf welche Nutzungsarten es sich erstreckt. Im Wege der Urheberrechtsreform von 2002 erweiterte der Gesetzgeber den § 31 Abs. 5 UrhG um einen zweiten Satz: Der Grundsatz der Begrenzung von Nutzungsrechten auf den Vertragszweck gilt für die Frage, ob ein Nutzungsrecht eingeräumt wird, ob es sich um ein einfaches oder ausschließliches Nutzungsrecht handelt, wie weit Nutzungsrecht und Verbotsrecht reichen und welchen Einschränkungen das Nutzungsrecht unterliegt. Durch die Aufnahme des zweiten Satzes hat der Gesetzgeber einige bereits anerkannte Anwendungsfälle der Norm klarstellend in das Gesetz aufgenommen.[5]

---

2 *BGH* ZUM 2011, 560 (564) – Der Frosch mit der Maske; *Schulze*, in: Dreier/ Schulze, UrhG, § 31 Rn. 111; Wandtke/ *Grunert*, in: Wandtke/ Bullinger, UrhG, § 31 Rn. 39; *Dörfelt*, Zweckübertragungslehre, S. 250; *Becker*, ZUM 2005, 303, (305).

3 *Ohly*, in: Schricker/ Loewenheim, UrhG, § 31 Rn. 52; *Schulze*, in: Dreier/ Schulze, UrhG, § 31 Rn. 110; *Wiebe*, in: Spindler/ Schuster, UrhG, § 31 Rn. 12; *Wandtke/ Grunert*, in: Wandtke/ Bullinger, UrhG, § 31 Rn. 39; *Ulmer*, Urheber- und Verlagsrecht, S. 217.

4 BT-DR IV/3401, S. 5.

5 BT-DR 14/6433, S. 14; *Wandtke/ Grunert*, in: Wandtke/ Bullinger, UrhG, § 31 Rn. 58; *Soppe*, in: BeckOK UrhG, § 31 Rn. 89.

A. Fragestellung

Im Patentrecht ziehen sowohl die überwiegende Ansicht der Literatur[6] als auch die Rechtsprechung[7] die Zweckübertragungslehre zur Auslegung von Lizenzverträgen heran. Die Übernahme der Zweckübertragungslehre erfolgt jedoch ohne eine ausführliche Prüfung der vergleichbaren Interessenlage beider Rechtsgebiete, so dass eine Begründung für die Übertragung der Lehre auf das Patentrecht fehlt. Gleiches gilt für das Markenrecht. Zwar wird die Zweckübertragungslehre im Markenrecht lediglich vereinzelt von der Literatur[8] und – soweit ersichtlich – nur einmal von der Rechtsprechung[9] zur Auslegung von Lizenzverträgen herangezogen, die Übertragbarkeit der Regelung wird aber wie im Patentrecht eher unterstellt als begründet. Aus diesem Grund widmet sich die vorliegende Arbeit der Frage, ob und inwiefern die Zweckübertragungslehre im Patent- und Markenrecht Anwendung finden kann.

Ein erster Forschungsschwerpunkt der Arbeit liegt auf den rechtshistorischen Wurzeln und der weiteren Entwicklung der Zweckübertragungslehre. Um herauszuarbeiten, welche Gründe *Goldbaum* zu der Schöpfung der Zweckübertragungslehre bewegten, ist die Betrachtung der rechtshistorischen Grundlagen von enormer Bedeutung. Die Arbeit wird sich dazu eingehend mit der Frage beschäftigen, inwieweit *Goldbaum* mit Hilfe der Zweckübertragungslehre sowohl den Schutz der vermögensrechtlichen als auch den Schutz der persönlichkeitsrechtlichen Interessen des Urhebers beabsichtigte. Durch die intensive rechtshistorische Untersuchung wird herauszufinden sein, ob und inwiefern der Urheber bereits seit der Jahrhundertwende finanziell unangemessen an der Verwertung seiner Werke beteiligt wurde. Durch Zurückbehaltung der nicht vom

---

6 *Moufang*, in: Schulte, PatG, § 15 Rn. 19; *Loth/ Hauck*, in: BeckOK PatR/ PatG, § 15 Rn. 15; *Hacker*, in: Busse/ Keukenschrijver, PatG, § 15 Rn. 21; *Ullmann/ Deichfuß*, in: Benkard, PatG, § 15 Rn. 26; *Mes*, in: ders., PatG, § 15 Rn. 11; *Götting*, Gewerblicher Rechtsschutz, § 26 Rn. 14; *Götting/ Hetmank/ Schwipps*, Patentrecht, Rn. 449; *Ensthaler*, Gewerblicher Rechtsschutz und Urheberrecht, S. 115; *Bartenbach*, Patentlizenz, Rn. 476.

7 *RG* GRUR 1937, 1001 (1002) – Straßenfahrbahn I; *RG* GRUR 1943, 355 (355); *BGH* GRUR 2000, 788 (789) – Gleichstromsteuerschaltung; *BGH* GRUR 2006, 401 Rn. 19 – Zylinderrohr.

8 *Müller*, in: Spindler/ Schuster, MarkenG, § 30 Rn. 7; *Ingerl/ Rohnke*, MarkenG, § 30 Rn. 26; *Pahlow*, in: HK-MarkenR, § 30 Rn. 62 mit Verweis auf *Ingerl/ Rohnke*, MarkenG, § 30 Rn. 26; *Götting*, Gewerblicher Rechtsschutz, § 26 Rn. 14; *Schertz*, Merchandising, Rn. 398.

9 *LG München* GRUR-RR 2001, 161 (164) – Recht am Vornamen einer Filmschauspielerin.

Vertragszweck gedeckten Nutzungsarten könnte *Goldbaum* beabsichtigt haben, dem Urheber eine angemessene Beteiligung an den Früchten der Verwertung seines Werkes zu sichern. Dieses Bedürfnis nach einer wirtschaftlichen Teilhabe an den Erträgen seines Werkes, würde dann die vermögensrechtliche Grundlage der Zweckübertragungslehre bilden. Den persönlichkeitsrechtlichen Interessen des Urhebers könnte die Zweckübertragungslehre dadurch Rechnung tragen, dass der Urheber nur so wenig Rechte wie zur Erfüllung des Vertragszwecks erforderlich aus seiner Persönlichkeitssphäre entlassen möchte. Auf diese Weise könnte die enge persönliche und geistige Bindung des Urhebers zu seinem Werk aufrechterhalten werden.

Der Arbeit liegt insoweit die bereits 1880 von *Josef Kohler* vorgenommene und bis heute weit verbreitete Unterscheidung von Persönlichkeits- und Immaterialgüterrechten zugrunde.[10] Anders als Immaterialgüterrechte, welche frei übertragbare, selbständige und verkehrsfähige absolute Rechte darstellen, sind Persönlichkeitsrechte auf Grund ihrer engen persönlichen Bindung des Rechtsträgers zu seiner Schöpfung als höchstpersönliche Rechte unübertragbar.[11]

Im Anschluss an die rechtshistorische Analyse steht die Untersuchung der vergleichbaren Interessenlage im Patent- und Markenrecht im Fokus der Prüfung. In diesem Zusammenhang ist fraglich, ob die beiden Rechtsgebiete des Gewerblichen Rechtsschutzes ähnlich stark persönlichkeitsrechtlich ausgeprägt sind wie das Urheberrecht. Im Zuge dieser Bearbeitung wird untersucht, welchen Einfluss das Urheberpersönlichkeitsrecht auf die Übertragbarkeit des Urheberrechts bzw. auf die Zurückbehaltung von urheberrechtlichen Nutzungsrechten hat und ob auch im Patent- und Markenrecht eine entsprechend enge Bindung des Rechtsinhabers zu seiner Erfindung, seinem Patent oder seiner Marke besteht. Eine vergleichbare enge Bindung, wie sie der Urheber zu seinem Werk hat, könnte dafür sprechen, dass der Erfinder bzw. Patent- oder Markeninhaber genauso wie die Urheber, so wenige Rechte wie möglich aus ihrer Persönlichkeitssphäre entlassen möchten. Dann wäre aus persönlichkeitsrechtlicher Sicht Raum für die Anwendung der Zweckübertragungslehre im Patent- und Markenrecht.

Neben den persönlichkeitsrechtlichen Interessen, die der Zweckübertragungslehre innewohnen, schützt Letztere auch die vermögensrechtlichen

---

10 *Kohler*, Das Autorrecht, S. 74 f.

11 Diese Unterscheidung wird auch von der herrschenden Literatur vorgenommen. Vgl. u.a. *Götting*, FS Beier, S. 233 f.; *ders.*, Persönlichkeitsrechte, S. 9 f.; *Forkel*, FS Paulick, S. 108; *Hubmann*, FS Lehmann, S. 821; *Merkel*, Der Begriff des Immaterialgüterrechts, S. 78 ff., 180; *Schönherr*, Zur Begriffsbildung im Immaterialgüterrecht, FS Troller, S. 61 f.; *Dölemeyer/ Klippel*, FS GRUR, Bd. I, S. 185 (229).

Interessen des Urhebers. Ein weiterer Schwerpunkt der Arbeit liegt daher in der Beantwortung der Frage, ob neben dem Urheber auch Erfinder bzw. Patent- und Markeninhaber vor einer zu umfassenden Aufgabe ihrer Rechte bewahrt werden müssen, um ihnen eine angemessene Beteiligung an den Früchten der Verwertung seines Schutzgegenstandes zu sichern. Um dieser Frage auf den Grund zu gehen, betrachtet die Arbeit die verwertungsrechtlichen Besonderheiten dieser Rechtsgebiete. In diesem Zusammenhang wird untersucht, inwieweit im Patent- und Markenrecht ein ähnliches Missverhältnis zwischen dem Rechtsinhaber und dem Verwerter der Schutzrechte besteht wie im Urheberrecht.

Die Arbeit wird zudem der Frage nachgehen, inwieweit die Zweckübertragungslehre - wie von Teilen der Literatur[12] angenommen - eine Auslegungsregel *zugunsten des Urhebers* darstellt. In diesem Zusammenhang wird verkannt, dass Grundlage der Auslegung stets der von beiden Parteien zugrunde gelegte Vertragszweck ist.[13] Infolgedessen kann Ergebnis der Auslegung gleichermaßen eine weitreichende Nutzungsrechtseinräumung an den Erwerber sowie eine umfassende Zurückbehaltung von Nutzungsrechten beim Urheber sein.[14] Da die Zweckübertragungslehre zu einer Beschränkung des Rechtsumfangs führen kann, ist weiter zu fragen, ob die Lehre eine Verfügungsbeschränkung darstellen könnte.

B. Stand der Forschung

Die Zweckübertragungslehre war bereits mehrfach Forschungsgegenstand von Dissertationen im Bereich des Urheberrechts.[15] Anders als die vorliegende

---

12 *Wiebe*, in: Spindler/ Schuster, UrhG, § 31 Rn. 12; *J.B. Nordemann*, in: Fromm/ Nordemann, UrhG, § 1 Rn. 1; *Schack*, Urheber- und Urhebervertragsrecht, Rn. 615; *Liebrecht*, Die Zweckübertragungslehre im ausländischen Urheberrecht, S. 17; *Schweyer*, Die Zweckübertragungstheorie im Urheberrecht, S. 116 f.; *Merkel*, Zweckübertragungstheorie, S. 17 f.; *Riesenhuber*, GRUR 2005, 712 (713); *Schwaiger/ Kockler*, UFITA Bd. 73 (1975), 21 (24); *Movsessian*, GRUR 1974, 371 (372); *Nordemann, W.*, UFITA Bd. 58 (1970), 1 (4).

13 Ähnlich *Schricker/ Loewenheim*, in: Schricker/ Loewenheim, UrhG (2010), Vor § 28 Rn. 105; *Kotthoff*, in: HK-UrhG, § 31 Rn. 32; *Berger*, in: Berger/ Wündisch, Urhebervertragsrecht, § 1 Rn. 86; *Soppe*, in: BeckOK UrhR, § 31 Rn. 94.2.

14 Ähnlich *Schricker/ Loewenheim*, in: Schricker/ Loewenheim, UrhG (2010), Vor § 28 Rn. 105; *Kotthoff*, in: HK-UrhG, § 31 Rn. 32; *Berger*, in: Berger/ Wündisch, Urhebervertragsrecht, § 1 Rn. 86; *Soppe*, in: BeckOK UrhR, § 31 Rn. 94.2.

15 *Genthe*, Der Umfang der Zweckübertragungslehre im Urheberrecht, 1980; *Schweyer*, Die Zweckübertragungslehre im Urheberrecht, 1982; *Liebrecht*, Die Zweckübertragungslehre im ausländischen Urheberrecht, 1983; *Donle*, Die Bedeutung des § 31 Abs. 5

Arbeit setzten die bisherigen Studien in ihren rechtshistorischen Grundlagen erst bei *Wenzel Goldbaum* (1923) ein und befassten sich nicht mit den urheberrechtlichen Ausgangsbedingungen am Ende des 19. Jahrhunderts. Dadurch übersahen die Autoren, dass sich die Literatur bereits vor *Goldbaum* vereinzelt mit der Frage nach dem Umfang der Rechtseinräumung und der Auslegung des Vertrages hinsichtlich seines Zwecks auseinandersetzte. Eine umfangreiche rechtshistorische Untersuchung erscheint allerdings erforderlich, da sonst die herausragende Bedeutung der Zweckübertragungslehre für das Urheberrecht nicht vollständig erfasst werden kann.

Aufbauend auf den urheberrechtlichen Rahmenbedingungen, die *Goldbaum* zu der Schöpfung der Zweckübertragungslehre bewegten, stellt die Arbeit eine Verknüpfung zwischen der Idee einer Zweckübertragungslehre und der in etwa zeitgleich erfolgenden Anerkennung der persönlichkeitsrechtlichen Seite des Urheberrechts her. Zwar ist nicht nur das Persönlichkeitsrecht,[16] sondern auch das Urheberpersönlichkeitsrecht[17] Gegenstand zahlreicher Untersuchungen.

UrhG für das Urhebervertragsrecht, 1993; *Dörfelt,* Zur Zukunft der Zweckübertragungslehre: Nach den Urheberrechtsreformen von 2002 und 2008, 2017.

16 *Leuze,* Die Entwicklung des Persönlichkeitsrechts im 19. Jahrhundert, 1962; *Hubmann,* Das Persönlichkeitsrecht, 1967; *Simon,* Das allgemeine Persönlichkeitsrecht und seine gewerbliche Erscheinungsform, 1981; *Peifer,* Die Individualität im Zivilrecht – Der Schutz persönlicher, gegenständlicher und wettbewerblicher Individualität im Persönlichkeitsrecht, Immaterialgüterrecht und Recht der Unternehmen, 2001; *Dölemeyer/ Klippel,* Der Beitrag der deutschen Rechtswissenschaft zur Theorie des gewerblichen Rechtsschutzes und Urheberrechts, FS GRUR, S. 185–240; *Klippel,* Die Idee des geistigen Eigentums in Naturrecht und Rechtsphilosophie des 19. Jahrhunderts, in: *Wadle,* Historische Studien zum Urheberrecht in Europa, S. 121–138; *ders.,* Die Theorie der Persönlichkeitsrechte bei Karl Gareis (1844–1923), in: *Loewenheim/ Raiser:* Festschrift für Fritz Traub zum 65. Geburtstag, S. 211–228; *ders.,* Historische Wurzeln und Funktionen von Immaterialgüter- und Persönlichkeitsrechten im 19. Jahrhundert, ZNR 4 (1982), S. 132–155; *Klingenberg,* Vom persönlichen Recht zum Persönlichkeitsrecht: Zur Entwicklung der Urheberrechtstheorie im 19. Jahrhundert, ZRG GA 96 (1969), S. 183–208; *Eisfeld,* Der Begriff der Persönlichkeit in der Urheberrechtstheorie des 19. Jahrhunderts, ZGE/ IPJ Band 6 (2014), S. 106–144.

17 *Müsse,* Das Urheberpersönlichkeitsrecht unter besonderer Berücksichtigung der Veröffentlichung und der Inhaltsmitteilung, 1999; *Fromlowitz,* Das Urheberpersönlichkeitsrecht und das allgemeine Persönlichkeitsrecht – Eine vergleichende Untersuchung unter besonderer Berücksichtigung der geschichtlichen Entwicklung, des Inhalts, des postmortalen Schutzes und der Übertragbarkeit, 2014; *Krüger-Nieland,* Das Urheberpersönlichkeitsrecht, eine besondere Erscheinungsform des allgemeinen Persönlichkeitsrechts?, FS Hauß, S. 215–224; *Vogel,* Urheberpersönlichkeitsrecht und

Bislang stellten die Arbeiten, die sich mit der Zweckübertragungslehre beschäftigten, aber noch keine Verbindung zwischen dem Urheberpersönlichkeitsrecht und der Zweckübertragungslehre her.[18] Zudem nehmen diese ohne vorherige Prüfung an, dass es sich bei der Zweckübertragungslehre um eine Auslegungsregel *zugunsten des Urhebers* handelt.[19]

Bislang hat sich allein *Jörg Merkel* der Frage nach den Möglichkeiten und Grenzen der Anwendung der Zweckübertragungstheorie im Erfinder-, Patent- und Gebrauchsmusterrecht gewidmet.[20] *Merkels* Arbeit aus dem Jahre 1974 konzentrierte sich dazu auf die Gewinnung eines Ähnlichkeitsurteils zwischen den Rechtsgebieten, wobei er die Gemeinsamkeiten und Unterschiede herausarbeitete. Zwar bejahte *Merkel* eine Anwendung der Zweckübertragungslehre im Erfinderrecht, nahm aber eine Einschränkung vor. Allein der Erfinder könne sich auf die Zweckübertragungslehre berufen, da diesem aus ideellen und wirtschaftlichen Interessen so viele Rechte wie möglich zurückbleiben sollten. Demgegenüber könne sich derjenige, der lediglich Anmelder der Erfindung sei, nicht auf die Zweckübertragungslehre berufen, da sein Rechtserwerb nicht auf einer vergleichbaren geistigen Leistung beruhe wie der des Erfinders.[21] Ob und inwiefern die Zweckübertragungslehre auch im Arbeitnehmererfinderrecht angewendet werden kann, lässt *Merkel* ebenso offen wie den gesamten Bereich des Markenrechts.

Zwar nehmen große Teile der patentrechtlichen Hand- und Lehrbuchliteratur eine Anwendbarkeit der Zweckübertragungslehre an, eine Begründung unterbleibt aber.[22] Die Ausführungen der Autoren lassen zudem offen, ob die

---

Verlagsrecht im letzten Drittel des 19. Jahrhunderts, in: *Wadle*, Historische Studien zum Urheberrecht in Europa, S. 191–206.

18 *Genthe*, Der Umfang der Zweckübertragungslehre im Urheberrecht, 1980; *Schweyer*, Die Zweckübertragungslehre im Urheberrecht, 1982; *Liebrecht*, Die Zweckübertragungslehre im ausländischen Urheberrecht, 1983; *Dörfelt*, Zur Zukunft der Zweckübertragungslehre: Nach den Urheberrechtsreformen von 2002 und 2008, 2017.

19 *Liebrecht*, Die Zweckübertragungslehre im ausländischen Urheberrecht, S. 17; *Schweyer*, Die Zweckübertragungstheorie im Urheberrecht, S. 116 f.; *Merkel*, Zweckübertragungstheorie, S. 17 f.

20 *Merkel*, Möglichkeiten und Grenzen einer Anwendung der Zweckübertragungstheorie im Erfinder-, Patent- und Gebrauchsmusterrecht, 1974.

21 *Merkel*, Zweckübertragungstheorie, S. 112, 116.

22 *Moufang*, in: Schulte, PatG, § 15 Rn. 19; *Loth/ Hauck*, in: BeckOK PatR/ PatG, § 15 Rn. 15; *Hacker*, in: Busse/ Keukenschrijver, PatG, § 15 Rn. 21; *Ullmann/ Deichfuß*, in: Benkard, PatG, § 15 Rn. 26; *Mes*, in: ders., PatG, 15 Rn. 11; *Götting*, Gewerblicher Rechtsschutz, § 26 Rn. 14; *Götting/ Hetmank/ Schwipps*, Patentrecht, Rn. 449; *Ensthaler*, Gewerblicher Rechtsschutz und Urheberrecht, S. 115; *Bartenbach*, Patentlizenz,

Zweckübertragungslehre auf jegliche Verwertungsgeschäfte im Patentrecht angewendet werden soll oder nur auf bestimmte vertragliche Konstellationen. Eine pauschale Annahme, die Lehre sei auf das Patentrecht übertragbar, ist allerdings bedenklich. Veräußernde Vertragspartei kann nicht nur der Einzelerfinder sein, in den weit überwiegenden Fällen findet die Verwertung von Erfindungen und Patenten durch Unternehmen und Konzerne statt. Überdies wird außer Acht gelassen, dass ein Großteil der Erfindungen ohnehin durch Arbeitnehmererfinder getätigt wird. Ob und inwiefern die Zweckübertragungslehre im Arbeitnehmererfinderrecht Anwendung findet, bleibt von der patentrechtlichen Literatur unberücksichtigt. Um ein differenziertes Urteil über die Übertragung der Lehre auf das Patentrecht zu gewinnen, untersucht die vorliegende Arbeit die Verwertung des Erfinder- bzw. Patentrechts aus Sicht eines Einzelerfinders, eines Arbeitnehmererfinders und eines veräußernden Unternehmens.

In der markenrechtlichen Literatur ziehen nur wenige Autoren die Zweckübertragungslehre bei der Auslegung von nicht eindeutigen und zweifelhaften Verträgen heran.[23] Im markenrechtlichen Kapitel dieser Arbeit wird insbesondere die Frage aufgeworfen, ob die Lehre gleichermaßen bei der Verwertung von sonstigen Marken und von Personenmarken angewendet werden könnte. Besonderheiten könnten sich daraus ergeben, dass der Personenmarke Persönlichkeitsmerkmale des Markeninhabers zugrunde liegen. Dadurch könnte der Markeninhaber einer Personenmarke – verglichen mit dem Inhaber einer sonstigen Marke – eine besonders starke Verbindung zu seinem Schutzgut haben. Eine solche starke Bindung könnte aus persönlichkeitsrechtlicher Sicht für die Übertragung der Zweckübertragungslehre auf das Markenrecht sprechen.

Da der Grundgedanke der Zweckübertragungslehre in § 31 Abs. 5 UrhG zum Ausdruck kommt,[24] könnte die Norm im Wege einer Analogie auf das

---

Rn. 476. Ablehenend stehen der Anwendung der Zweckübertragungslehre im Patentrecht *Haedicke*, in: Haedicke/ Timmann, Patentrecht, § 4 Rn. 19; *Forkel*, Gebundene Rechtsübertragung, S. 145; *Schwaiger/ Kockler*, UFITA Bd. 73 (1975), 21 (54 f.); *Kraßer*, GRUR Int. 1973, 230 (237) gegenüber.

23 *Müller*, in: Spindler/ Schuster, MarkenG, § 30 Rn. 7; *Ingerl/ Rohnke*, MarkenG, § 30 Rn. 26; *Pahlow*, in: HK-MarkenR, § 30 Rn. 62 mit Verweis auf *Ingerl/ Rohnke*, MarkenG, § 30 Rn. 26. Gegen die Anwendung der Zweckübertragungslehre im Markenrecht spricht sich *Taxhet*, in: Kur, MarkenG, § 30 Rn. 33 aus.

24 *Schulze*, in: Dreier/ Schulze, UrhG, § 31 Rn. 114; *Ohly*, in: Schricker/ Loewenheim, UrhG, § 31 Rn. 56; *Schricker*, Verlagsgesetz, § 8 Rn. 5c; *J.B. Nordemann*, in: Fromm/ Nordemann, UrhG, § 31 Rn. 112; *Kotthoff*, in: HK-UrhG, 31 Rn. 131.

Patent- und Markenrecht übertragen werden. Die Frage einer analogen Anwendung des § 31 Abs. 5 UrhG im Patent- und Markenrecht wird bislang in keiner Studie thematisiert. Freilich wird Gegenstand der Arbeit auch die Frage sein, ob neben der Zweckübertragungslehre möglichweise auch der § 31 Abs. 5 UrhG analog im Patent- und Markenrecht angewendet werden könnte.

Kapitel 1: Die Entstehung der Zweckübertragungslehre

Das erste Kapitel beschäftigt sich mit der Entstehung der Zweckübertragungslehre. In diesem Zusammenhang wird herauszufinden sein, dass *Goldbaum* die Zweckübertragungslehre zum Schutz der persönlichkeitsrechtlichen und der vermögensrechtlichen Interessen des Urhebers schuf. Um eine Verbindung zwischen der Zweckübertragungslehre und den persönlichkeitsrechtlichen Interessen des Urhebers herauszuarbeiten, widmen sich die folgenden Ausführungen zunächst der Rechtsprechung und der Literatur am Ende des 19. und zu Beginn des 20. Jahrhunderts. Zu diesem Zeitpunkt fingen Rechtsprechung und Literatur langsam an, das Urheberrecht nicht mehr ausschließlich als Vermögensrecht anzusehen, sondern richteten ihren Blick verstärkt auf die persönlichkeitsrechtliche Seite des Urheberrechts. Diese veränderte Überzeugung beruhte auf dem Gedanken, dass das Werk als Schöpfung des Urhebers ein Teil von dessen Persönlichkeit sei.[25]

Zudem wird sich zeigen, dass die Schöpfung der Zweckübertragungslehre eine Reaktion auf die unangemessene Beteiligung des Urhebers an der Verwertung seines Werkes darstellt. Durch den kontinuierlichen technischen Fortschritt entstanden neue Möglichkeiten der Verwertung des Werkes. Freilich wollte der Urheber finanziell von den neuen Arten der Verwertung seines Werkes profitieren. Gleichzeitig beanspruchten die Verwerter die neu entstandenen Nutzungsrechte an dem Werk für sich, da der Urheber das Urheberrecht zuvor meist vollständig auf die Verwerter übertragen hatte. Aus diesem Grund machten die Verwerter die gewinnbringende Verwertung des Werkes für sich geltend.

A. Das deutsche Urheberrecht am Ende des 19. Jahrhunderts

Nachdem am 11. Juni 1870 das Gesetz betreffend das Urheberrecht an Schriftwerken, Abbildungen, musikalischen Kompositionen und dramatischen Werken erlassen wurde, erweiterte sich der urheberrechtliche Schutz im Deutschen Reich im Jahre 1876 durch das Gesetz betreffend das Urheberrecht an Werken der bildenden Künste vom 9. Januar 1876, das Gesetz betreffend den Schutz der Photographien gegen unbefugte Nachbildung vom 10. Januar 1876 sowie das Gesetz

25 Beginnend RG 21.09.1880 – 1783/80 – RGSt 2, 246 (249); *Gierke*, Deutsches Privatrecht Bd. I, S. 756.

betreffend das Urheberrecht an Mustern und Modellen vom 11. Januar 1876. Diese Gesetze schlossen die bestehende Lücke hinsichtlich des Schutzes der bildenden Künste, der Photographie bzw. dem Modell- und Musterschutz.[26] Da die genannten Gesetze auf die Eigenarten der verschiedenen Werkarten Bezug nahmen, unterschieden sie sich vor allem bezüglich der Schutzdauer des Werkes vor Nachbildungen voneinander. Während die Werke der Literatur dreißig Jahre *post mortem auctoris* vor unbefugtem Nachdruck geschützt wurden, gewährte das Gesetz betreffend das Urheberrecht an Mustern und Modellen dem Urheber nur einen dreijährigen Schutz ab der Anmeldung. Dagegen waren hinsichtlich des Rechtsübergangs, der Entschädigung und der strafrechtlichen Folgen von Rechtsverletzungen kaum Unterschiede feststellbar. Den urheberrechtlichen Gesetzen war außerdem gemein, dass dem Urheber ein ausschließliches Recht zur mechanischen Vervielfältigung bzw. Nachbildung des Werkes zustand, welches nach dem Tod des Urhebers auf dessen Erben überging.

I. Die translative Übertragung des Urheberrechts

Die Gesetze zum Schutz von Urhebern ließen dem Wortlaut[27] nach sowohl eine beschränkte als auch eine unbeschränkte Übertragung des Urheberrechts zu. Sofern das Urheberrecht an dem Werk unbeschränkt übertragen wurde, ging dieses vollständig auf den Erwerber über. Der Erwerber trat somit an die Stelle des Urhebers und konnte frei über das Werk disponieren. Demnach war das Urheberrecht nicht an die Person des Urhebers gebunden, sondern konnte beliebig übertragen und weiterveräußert werden. Die vollständige Übertragbarkeit des Urheberrechts galt nicht nur für die Übertragung durch Erbgang, sondern für jegliche Rechtsnachfolge.[28] Wollten bzw. konnten der Urheber oder seine Erben das Werk nicht selbst verwerten, konnten sie dieses an kommerzielle Verwerter veräußern. Auch dem rechtsgeschäftlichen Erwerber des Urheberrechts

---

26 Erst seit Erlass des Urheberrechtsgesetzes von 1965 wird der Schutz von Werken der Literatur, der Tonkunst und der bildenden Kunst in einem Gesetz geregelt, zuvor schützte jedes Gesetz eine andere Art des Werktyps.

27 § 2 Gesetz betreffend das Urheberrecht an Werken der bildenden Künste vom 9. Januar 1876; § 7 Gesetz betreffend den Schutz der Photographien gegen unbefugte Nachbildung vom 10. Januar 1876; § 3 Gesetz betreffend das Urheberrecht an Mustern und Modellen vom 11. Januar 1876.

28 RG 01.07.1884 - II 168/84 - RGZ 12, 50; *Scheele,* Das deutsche Urheberrecht, S. 22; *Daude*, Lehrbuch des Urheberrechts, S. 34; *Wächter,* Urheberrecht, S. 86.

stand es offen, dieses weiter an Dritte zu übertragen.[29] Folglich konnte der Urheber durch Rechtsgeschäft unter Lebenden vollständig die Rechte an seinem eigenen Werk aufgeben und dieses in fremde Hände geben.

Beschränkte Übertragungen erfolgten durch die vertragliche Einräumung von räumlichen, zeitlichen oder inhaltlichen Beschränkungen durch den Urheber.[30] Eine inhaltliche Beschränkung des Urheberrechts konnte zum Beispiel die Vervielfältigung eines Kunstwerkes in einer bestimmten vereinbarten Form darstellen.[31] Eine räumliche Beschränkung konnte darin liegen, dass der Urheber mehreren Verlegern in bestimmten räumlichen Gebieten ein Verbreitungs- und Veröffentlichungsrecht einräumte.[32]

Josef Kohler (1880) sah eine Beschränkung der Übertragung beispielsweise darin, dass der Verleger nur eine bestimmte Anzahl an Auflagen verbreiten oder das Werk nur auf eine bestimmte Art veröffentlichen durfte. Für den Fall, dass der Verleger das Werk anders als vereinbart publizierte, handelte er „nicht mehr innerhalb der ihm angewiesenen Sphäre des Verlagsrechts".[33] Eine solche Überschreitung des Verlagsrechts lag nach *Kohler* beispielsweise dann vor, wenn der Verleger den Artikel oder die Abhandlung nicht nur in der vereinbarten Zeitschrift veröffentliche, sondern zusätzlich in einer weiteren. In diesem Fall wäre „jede anderweitige Verbreitung [...] eine Verletzung des Autorrechts".[34]

Sofern der Vertrag allerdings keine Anhaltpunkte über den Umfang der übertragenen Rechte gab, nahm *Otto von Gierke* (1895) an, dass sich der Vertragsumfang am Inhalt des zugrundeliegenden Schuldverhältnisses bestimme. Hatten die Vertragsparteien keine ausdrückliche Vereinbarung über die Anzahl der zu druckenden Exemplare oder eine zeitliche bzw. räumliche Begrenzung der zu übertragenden Befugnisse getroffen, müsse der Vertragsinhalt durch Willensauslegung ermittelt werden. Bei der Ermittlung des Vertragsinhalts sei primär die Verkehrssitte zu beachten.[35] In diesem Zusammenhang ließ *Gierke* allerdings

---

29 Hierzu ausführlicher *Daude*, Lehrbuch des Urheberrechts, S. 34 ff.; *Wächter*, Urheberrecht, S. 99 ff. m.w.N.

30 *Endemann*, Urheberrecht, S. 11 f.; *Scheele*, Das deutsche Urheberrecht, S. 18, 175; *Daude*, Lehrbuch des Urheberrechts, S. 33; *Wächter*, Urheberrecht, S. 90.

31 *Wächter*, Urheberrecht, S. 88.

32 *Kohler*, Das Autorrecht, S. 272; *Scheele*, Das deutsche Urheberrecht, S. 19; *Wächter*, Urheberrecht, S. 88; *Daude*, Lehrbuch des Urheberrechts, S. 33.

33 *Kohler*, Das Autorrecht, S. 292.

34 *Kohler*, Das Autorrecht, S. 292.

35 *Gierke*, Deutsches Privatrecht Bd. I, S. 807.

offen, worauf sich die Verkehrssitte beziehe und in welchem Umfang diese zu beachten sei.

Bei Erlass des Urheberrechtsgesetzes von 1870 ging die weit überwiegende Literatur davon aus, dass das Gesetz die vermögensrechtlichen Interessen des Urhebers in den Vordergrund stellte.[36] Die Möglichkeit der translativen Übertragung und des vollständigen Rechtsverlusts des Urhebers an seinem geistig-schöpferischen Werk unterstrich diese rein vermögensrechtliche Betrachtung des Urheberrechts als translatives Recht. Da einschränkende Theorien zum Schutze des Urhebers ausblieben und eine umfangreiche wirtschaftliche Verwertung der urheberrechtlichen Schöpfung wünschenswert erschien, konnte eine rein vermögensrechtliche Interpretation des Urheberrechts aber auch zu Lasten des Urhebers gehen.[37] Sah man das Urheberrecht lediglich als Vermögensrecht an, bestand die Gefahr, dass der Urheber einem „Ausverkauf“[38] seiner Rechte ausgeliefert war. Während die Verwerter, denen der Urheber das Urheberrecht an ihren Werken übertragen hatte, durch die umfassende Erlangung des Urheberrechts ausschließlich ökonomische Interessen verfolgten, gab der Urheber durch die vollständige Übertragung seines Urheberrechts alle Befugnisse an seiner geistig-schöpferischen Arbeit auf. Damit verlor der Urheber jegliche Einwirkungsmöglichkeiten auf sein Werk und konnte nicht mehr beeinflussen, ob und inwiefern ihr Werk verbreitet und verwertet wurde.

II. Persönliche Interessen des Urhebers

Trotz der rein vermögensrechtlichen Betrachtung des Urheberrechts erkannten einige Vertreter der Literatur, dass der Urheber auch ein persönliches Interesse an dem Schutz seines Werkes habe. Das persönliche Interesse des Urhebers sei dann tangiert, wenn er lediglich in seinen Befugnissen, nicht aber in seinem Vermögen geschädigt werde.

Schon früh wies *Johann Casper Bluntschli* (1853) darauf hin, dass „das Werk als Geistesproduct […] zunächst dem Autor [angehöre], der es erzeugt hat“.[39]

36 *Dambach,* Urheberrecht, S. 12 f.; *Klostermann,* Urheberrecht, S. 8 ff., *Wächter,* Das Autorrecht, S. 1 f., Urheberrecht, S. 30 ff.; *Dahn,* Deutsches Privatrecht, Bd. 1, S. 45; *Daude,* Lehrbuch des Urheberrechts, S. 32; *Scheele,* Das deutsche Urheberrecht, S. 22, 173, der das Urheberrecht zwar klar den Vermögensrechten zuordnet, aber schon andeutet, dass der Urheber noch weitere persönliche Interessen an seinem Werk habe. – Dazu neuerdings *Dommann,* Autoren und Apparate, S. 107.

37 *Pahlow,* Lizenz und Lizenzvertrag, S. 166.

38 *Pahlow,* Lizenz und Lizenzvertrag, S. 155 f.

39 *Bluntschli,* Deutsches Privatrecht 1, S. 191 f.

Dieses sei nicht „eine körperliche Sache", sondern „eine Offenbarung und ein Ausdruck seines persönlichen Geistes".[40] Ferner legte *Bluntschli* dar, dass „zwischen Autor und Werk [...] ein natürlicher Zusammenhang, wie zwischen Schöpfer und Geschöpf [bestehe], und jener hat ein natürliches Recht, dass dieses Verhältnis geachtet werde".[41] Für *Max Lange* (1858) stellte die Persönlichkeit die „Hauptquelle" des Urheberrechts dar.[42] Durch den persönlichen Willen des Urhebers verschaffe er seiner geistigen Tätigkeit juristischen Schutz, so dass eine „reine Thatsache durch Deckung der Persönlichkeit rechtliche Weihe erhält".[43] Überdies erkannte *Otto Dambach* (1871), dass durch das Urhebergesetz auch das persönliche Interesse des Urhebers betroffen sein könne, wenn es zu keinem vermögensrechtlichen Schaden gekommen sei.[44] An dieser Stelle knüpfte *Johannes Scheele* (1892) an, der für Schriftwerke ohne jeglichen Vermögenswert einen Schutz garantieren wollte, da das Urheberrecht ebenfalls die „persönlichen Interessen" des Urhebers schütze, wenn er „durch Eingriffe in die ihm ausschließlich eingeräumten Befugnisse verletzt" sei.[45] Der absolute Charakter des Urheberrechts verdeutliche sich dadurch, dass der Urheber „gegen jeden Eingriff Dritter geschützt" sei.[46]

Einen Schritt weiter ging *Felix Dahn* (1877), der den Kern des Urheberrechts in dem höchst individuellen Geistesband, dem *vinculum spirituale* sah, welches den Schöpfer eines Geistesprodukts mit seinem Geschöpf verknüpfe. Aus diesem Geistesband, welches so persönlich „wie die Ehre, wie die Eigenart des Menschen" sei, ergebe sich das ausschließliche Recht des Urhebers über sein Werk.[47] *Heinrich Schuster* (1891) berief sich in seinen Ausführungen auf *Dahn* und sicherte „dem Urheber die Ehre der Urheberschaft" zu, welche diesem aufgrund der „persönlichen Verhältnisse des Urhebers zum Werke" erwiesen werden müsse.[48]

Alle vorstehenden Autoren berücksichtigten zwar die persönlichen Interessen des Urhebers; ihnen lag aber noch nicht der Gedanke zu Grunde, dass das

40 *Bluntschli,* Deutsches Privatrecht 1, S. 191 f.
41 *Bluntschli,* Deutsches Privatrecht 1, S. 191 f.
42 *Lange,* Grundbegriffe vom geistigen Eigentum, S. 41.
43 *Lange,* Grundbegriffe vom geistigen Eigentum, S. 43.
44 *Dambach,* Urheberrecht, S. 13.
45 *Scheele,* Das deutsche Urheberrecht, S. 11.
46 *Scheele,* Das deutsche Urheberrecht, S. 11.
47 *Dahn,* Rechtsbuch, S. 113.
48 *Schuster,* Wesen des Urheberrechts, S. 54.

Urheberrecht ein aus der Persönlichkeit des Autors erwachsendes und mit diesem eng verbundenes Persönlichkeitsrecht darstellte.[49]

B. Persönlichkeitsrecht und Urheberpersönlichkeitsrecht um 1900

Um der Frage nachzugehen, ob und inwiefern die Schöpfung der Zweckübertragungslehre durch die Anerkennung des Urheberpersönlichkeitsrechts begünstigt wurde oder dieses sogar die Grundlage der Lehre bildet, ist zunächst erforderlich, die theoretische Legitimation des Urheberrechts am Ende des 19. Jahrhunderts herauszuarbeiten. In Abgrenzung zur Lehre vom geistigen Eigentum[50] entstand im ausgehenden 19. Jahrhundert zum einen die persönlichkeitsrechtliche Deutung des Urheberrechts durch *Karl Gareis* und *Otto von Gierke* (I.). Zum anderen entwickelte *Josef Kohler* die Lehre von den sog. Immaterialgüterrechten (II.).[51] Insbesondere die Annahme *Gierkes*, dass das Werk des Urhebers einen Teil seiner Persönlichkeitssphäre darstelle[52] und das Urheberrecht deshalb unübertragbar sei,[53] bildete den Grundstein für die Herausbildung des Urheberpersönlichkeitsrechts. Zudem legen die folgenden Ausführungen dar, dass nicht nur die Literatur, sondern auch das Reichsgericht[54] bereits Ende des 19. Jahrhunderts langsam begann, dem Urheber über das Vermögensrecht hinausgehende Interessen an seinem Werk anzuerkennen (III.).

I. Persönlichkeitsrechte nach *Karl Gareis* und *Otto von Gierke*

Ende des 19. Jahrhunderts bezeichnete *Karl Gareis* (1877) eine Reihe von Rechten als „Individualrechte", zu denen er neben dem Patent-, Namens-, Firmen-, Warenzeichen- und Geschmacksmusterrechten auch das Urheberrecht zählte.[55] Er wählte bewusst den Begriff des „Individualrechts", da er zum einen Verwechslungen mit dem „Recht der Persönlichkeit" des Naturrechts vermeiden

49 *Klingenberg*, ZRG GA 96 (1969), 183 (184).

50 Zur Kritik an der Idee eines geistigen Eigentums im 19. Jahrhundert ist auf *Pahlow*, ZGE/ IPJ 6 (2014), 429; *ders.*, ARSP Bd. 98 (2012), 121 (127 ff.); *ders.*, UFITA 115 (2006), 705 zu verweisen.

51 *Klippel*, Idee des geistigen Eigentums in: *Wadle*, Historische Schriften zum Urheberrecht in Europa, S. 121; *Dölemeyer/ ders.*, FS GRUR, Bd. I, S. 220 ff.

52 *Gierke*, Deutsches Privatrecht Bd. I, S. 756.

53 *Gierke*, Deutsches Privatrecht Bd. I, S. 767.

54 Beginnend RG 21.09.1880 – 1783/80 – RGSt 2, 246 (249).

55 *Gareis*, BuschsA 35 (1877), 185 (185 ff.).

wollte.[56] Zum anderen sollte die Bezeichnung „Individualrechte" Abstand von dem Begriff der „Persönlichkeit" nehmen, da dieser in der juristischen Sprache bereits mit der „Rechtsfähigkeit" besetzt sei.[57] Das „Individualrecht" schütze als absolutes Recht das „Individuelle" der Person, „jede persönliche Tätigkeit der eigenen Person und der Erfolg der Betätigung einer solchen, insofern er nicht durch andere Rechte geschützt wird oder ungeschützt bleibt".[58]

Gareis teilte seine „Individualrechte"[59] in drei Kategorien ein: Das Recht auf Leben, auf Integrität und Betätigung zählte er zu dem Recht des Menschen auf Erhaltung seiner Existenz. Darüber hinaus gebe es Rechte, die die Anerkennung als Individuum betreffen, wozu unter anderem das Namens-, Firmen- und Markenrecht gehörten. Das Urheber- und Erfinderrecht bzw. der Muster- und Modellschutz seien Individualrechte, die die Werkherstellung und den Genuss des Werkes anerkennen würden.[60]

Der Schutz der Persönlichkeit finde seine Rechtfertigung in der Tatsache, dass jedes Rechtssubjekt das Recht habe, „seine Individualität als solche anerkannt zu sehen".[61] Die „Individualrechte" charakterisierte *Gareis* als absolut wirkende Rechte und verglich sie mit dinglichen Rechten: „Die Individualrechte haben mit der Mehrzahl der dinglichen Rechte gemein, dass ihnen kein konkret Verpflichteter, sondern die Gesammtheit der fremden Personen als verpflichtet gegenüber steht, insofern Jeder verpflichtet ist, das Individualrecht des Andern in allen denjenigen Beziehungen anzuerkennen, in welchen das positive Recht das Individualrecht aufstellt und schützt, und insofern niemand zu einer positiven Handlung dem Berechtigten gegenüber inhaltlich des Individualrechts, sondern Jedermann nur zu respektieren Unterlassungen verpflichtet ist".[62] Der Inhalt des Individualrechts „ist durch die Existenz von Deliktsklagen […] nicht erschöpft".[63] Weiterhin sollte *Gareis'* „Invidividualrecht" nicht nur vererblich sein, sondern auch ganz oder teilweise auf Andere übertragbar.[64]

56 *Gareis,* BuschsA 35 (1877), 185 (198 f.).
57 *Gareis,* BuschsA 35 (1877), 185 (198).
58 *Gareis,* BuschsA 35 (1877), 185 (200).
59 Als Ende des 19. Jahrhunderts dann der Begriff des Persönlichkeitsrechts an Akzeptanz gewann, griff auch *Gareis* diesen auf oder benutzte weiterhin „Individualrechte" als Synonym, *Klippel,* ZNR 4 (1982), 132 (148) m.w.N.
60 *Gareis,* BuschsA 35 (1877), 185 (197 f.).
61 *Gareis,* BuschsA 35 (1877), 185 (196).
62 *Gareis,* BuschsA 35 (1877), 185 (199 f.).
63 *Gareis,* BuschsA 35 (1877), 185 (201).
64 *Gareis,* BuschsA 35 (1877), 185 (201).

Gareis strebte an, durch die „Individualrechte" die „individualistische" Seite in der urheberrechtlichen Gesetzgebung abzusichern.[65] Während das „Recht der Persönlichkeit" noch im 18. und bis Mitte des 19. Jahrhunderts durch das Naturrecht und die Rechtsphilosophie aus dem angeborenes Recht des Menschen begründet wurde,[66] berief sich *Gareis* auf das positive Recht.[67] *Gareis'* „Individualrecht" basierte nicht mehr auf den inzwischen angegriffenen juristischen Theorien der Rechtspersönlichkeit und der Rechtsfähigkeit, sondern auf gesetzlichen Grundlagen. Seine Herleitung des „Individualrechts" aus dem positivem Recht baute auf den gesetzlichen Regelungen des Urheber-, Marken- und Erfinderrechts auf, auf die die Rechtsgelehrten der ersten Hälfte des 19. Jahrhunderts noch nicht zurückgreifen konnten.[68]

Kurz vor Inkrafttreten des BGB entwickelte *Otto von Gierke* im Jahre 1895 eine einheitliche Theorie der Persönlichkeitsrechte, „die ihrem Subjekt die Herrschaft über einen Bestandteil der eigenen Persönlichkeitssphäre gewährleisten".[69] Persönlichkeitsrechte seien „Rechte an der eigenen Person", die sich „durch den Hinweis auf die Besonderheit ihres Objekts von allen anderen Rechten unterschieden".[70] Nach *Gierkes* stellten Persönlichkeitsrechte „absolute Rechte"[71] dar, d.h. „Verbietungsrechte gegen Jeden, der unbefugt in den von ihnen abgegrenzten Herrschaftsbereich eingreift".[72] Sie seien „höchstpersönliche Rechte, die in einer bestimmten Person entstehen, an sie gebunden bleiben und mit ihr untergehen"[73] und aus diesem Grund nicht übertragen werden könnten.[74] Zu den Persönlichkeitsrechten zählte *Gierke* neben dem Recht auf Leib und Leben, dem Recht auf Freiheit, dem Recht auf Ehre[75] auch das Urheberrecht: „Das Urheberrecht ist

65 *Klippel*, FS Traub, S. 221.

66 *Dölemeyer/ Klippel*, FS GRUR, Bd. I, S. 224; *Pahlow*, ARSP Bd. 98 (2012), 121 (127); *Klippel*, ZNR 4 (1982), 132 (135); *Eisfeld*, ZGE/ IPJ 6 (2014), 106 (111); *Klingenberg*, ZRG GA 96 (1969), 183 (190).

67 *Pahlow*, Lizenz und Lizenzvertrag, S. 168; *ders.*, ARSP Bd. 98 (2012), 121 (131); *ders.*, UFITA 115 (2006), 705 (721); *Peifer*, Individualität im Zivilrecht, S. 136; *Klingenberg*, ZRG GA 96 (1969), 183 (203 f.); *Klippel*, FS Traub, S. 223; *ders.*, ZNR 1982, 132 (147); *Leuze*, Entwicklung des Persönlichkeitsrechts, S. 92, 97.

68 *Klippel*, FS Traub, S. 212, 224; *ders.*, ZGE/ IPJ 6 (2014), 443 (449 f.).

69 *Gierke*, Deutsches Privatrecht Bd. I, S. 702.

70 *Gierke*, Deutsches Privatrecht Bd. I, S. 702.

71 *Gierke*, Deutsches Privatrecht Bd. I, S. 260.

72 *Gierke*, Deutsches Privatrecht Bd. I, S. 703.

73 *Gierke*, Deutsches Privatrecht Bd. I, S. 707.

74 *Gierke*, Deutsches Privatrecht Bd. I, S. 707.

75 *Gierke*, Deutsches Privatrecht Bd. I, S. 709 ff.

ein Persönlichkeitsrecht, dessen Gegenstand ein Geisteswerk als Bestandtheil der eigenen Persönlichkeitssphäre bildet".[76] Da es das ausschließliche Recht des Schöpfers an seinem Geisteswerk sei, könne nur dieser über die Veröffentlichung und Wiedergabe des Werkes verfügen.[77] Der Schöpfer habe neben materiellen auch ideelle Interessen an der Verwertung seines Werkes, zumal das Urheberrecht seine Wurzeln im geistigen Umfeld habe.[78] Aus diesem Grund sei die Substanz des Urheberrechts unübertragbar; nur die Ausübung einzelner Nutzungsrechte könne auf den Erwerber übergehen. Dies folge aus der untrennbaren Haftung des Persönlichkeitsrechts an der Person des Urhebers.[79]

In dieser Unübertragbarkeit des Persönlichkeitsrechts liegt ein entscheidender Unterschied zwischen *Gareis* und *Gierke*. Während *Gareis* noch eine beschränkte Veräußerung des Individualrechts annahm,[80] ging *Gierke* von einer Unübertragbarkeit des Urheberrechts aus.

Darüber hinaus grenzte *Gierke* das Persönlichkeitsrecht „von dem allgemeinen Recht der Persönlichkeit [ab], das in dem von der Rechtsprechung gewährleisteten allgemeinen Anspruche besteht, als Person zu gelten".[81] Das allgemeine Recht der Persönlichkeit klassifizierte er als ein Grundrecht, das von Jedermann angesehen und geachtet werden müsse.[82] Trotz dieser Verschiedenartigkeit seien jedoch „die Grenzen zwischen den besonderen Persönlichkeitsrechten und dem allgemeinen Rechte der Persönlichkeit zum Teil fließend und unsicher".[83] Zudem verdeutlichte *Gierke* den Unterschied zwischen seinem Persönlichkeitsrecht und den Vermögensrechten: Persönlichkeitsrechte könnten zwar einen vermögensrechtlichen Inhalt entfalten; dieser vermögensrechtliche Teil könne sich auch verselbständigen, aber niemals aus dem Zusammenhang mit dem persönlichkeitsrechtlichen Kern getrennt werden.[84]

Gareis und *Gierke* gelang es, subjektive Privatrechte nicht mehr allein auf Familien- und Vermögensverhältnisse zu beschränken, sondern um Individual- und Persönlichkeitsrechte zu erweitern.[85] Obwohl die Theorien der

---

76 *Gierke,* Deutsches Privatrecht Bd. I, S. 756.
77 *Gierke,* Deutsches Privatrecht Bd. I, S. 748.
78 *Gierke,* Deutsches Privatrecht Bd. I, S. 759.
79 *Gierke,* Deutsches Privatrecht Bd. I, S. 767.
80 *Gareis,* BuschsA 35 (1877), 185 (201).
81 *Gierke,* Deutsches Privatrecht Bd. I, S. 703.
82 *Gierke,* Deutsches Privatrecht Bd. I. S. 703.
83 *Gierke,* Deutsches Privatrecht Bd. I, S. 704.
84 *Gierke,* Deutsches Privatrecht Bd. I, S. 706.
85 *Pahlow,* UFITA 115 (2006), 705 (721).

Individual- und Persönlichkeitsrechte von *Gareis* und *Gierke* im Patent-, Marken- und Urheberrecht in der Literatur nur wenig Anklang fanden,[86] beeinflussten diese den Blickpunkt auf das Urheberrecht.[87] *Gareis'* individualrechtliche Theorie des Urheberrechts löste die bis dahin bestehende Betrachtungsweise ab, die im Urheberrecht nur eine Ausprägung des alten Privilegienwesens und der Nachdruckgesetzgebung sah.[88] Ferner erkannten sowohl *Gareis* als auch *Gierke* die enge persönliche Beziehung des Urhebers zu seinem Werk. Folglich schufen *Gareis* und *Gierke* ein rechtstheoretisches Fundament für den Schutz der ideellen Interessen des Urhebers.[89]

II. Die Lehre von den sog. Immaterialgüterrechten von *Josef Kohler*

Josef Kohler (1880) beabsichtigte mit seiner Lehre von den sog. Immaterialgüterrechten die Lehre vom Geistigen Eigentum weiterzuentwickeln, da diese auf Grund ihrer unpräzisen Wortwahl „nicht gut verwendbar" sei.[90] Folglich habe die Lehre von den sog. Immaterialgüterrechten „dasjenige angenommen, was die Lehre vom Geistigen Eigentum richtiges hatte" und die „Unrichtigkeiten jener Lehre abgeworfen".[91] Zudem grenzte sich *Kohler* von *Gareis'* Lehre des Individualrechts ab, welcher *Kohler* zwar viele Anregungen zu verdanken habe, das Autorrecht sei aber gerade kein Recht an den Gütern der eigenen Person.[92] Auch von *Gierkes* Persönlichkeitsrecht distanzierte sich *Kohler*. Freilich bestehe eine Verbindung zwischen dem Namens- und Zeichenrecht und dem Persönlichkeitsrecht. *Gierke* sehe das Persönlichkeitsrecht jedoch als zu weitgehend an: „*Gierke* lässt den Baum des Persönlichkeitsrechts zu weit ragen".[93] Für *Kohler* war das Werk niemals Bestandteil der Persönlichkeit und auch nicht der Sphäre, die zur Persönlichkeit gehörte.[94] Vielmehr trete das Werk mit dessen Fertigstellung aus der Person des Schöpfers hervor,[95] so dass der Schöpfer das Werk aus

86 Dazu ausführlich *Pahlow*, Lizenz und Lizenzvertrag, S. 170 ff.
87 *Pahlow*, Lizenz und Lizenzvertrag, S. 167.
88 *Vogel*, GRUR 1994, 587 (589).
89 *Vogel*, GRUR 1994, 587 (590).
90 *Kohler*, Idee des geistigen Eigentums, S. 150 f.
91 *Kohler*, Urheberrecht, S. 21.
92 *Kohler*, Autorrecht, S. 155.
93 *Kohler*, Urheberrecht, S. 2 f.
94 *Kohler*, Urheberrecht, S. 3.
95 *Kohler*, Urheberrecht, S. 1.

seiner Persönlichkeit entlasse. Somit schaffe die Schöpfung eine „Entzweiung zwischen dem Schöpfer und dem Geschaffenen".[96]

Kohler definierte das Immaterialgüterrecht als „ein Recht an einem außerhalb des Menschen stehenden, aber nicht körperlichen, nicht faß- und greifbaren Rechtsgute".[97] Während *Gierke* und *Gareis* das Urheberrecht als geschlossene Einheit ansahen, trennte *Kohler* zwischen dem Urheberrecht als Immaterialgüterrecht und dem Persönlichkeitsrecht des Urhebers (dualistischer Charakter des Urheberrechts).[98] Das Autorrecht sichere dem Urheber die wirtschaftliche Verwertung seines Werkes, also die „Gesamtheit dieser das Werk gewerblich unter das Volk bringenden Tätigkeiten".[99] Vorbehalten waren dem Autor damit jegliche Arten der Verwertung, wie beispielsweise die Verbreitung, Aufführung oder Verlesung eines Werkes.[100] Neben dem Vermögensrecht stehe das Individualrecht, das „nicht Vermögensrecht ist und den Grundsätzen über das Vermögensrecht nicht unterliegt".[101] Dieses Individualrecht schütze die ideellen Urheberinteressen und umfasse das Recht auf Anerkennung der Verfasserschaft und der Wahrung der Integrität des Werkes.[102] Als Persönlichkeitsrecht sei das Individualrecht unantastbar und unveräußerlich.[103] Zwischen dem Autor- und dem Individualrecht bestand nach *Kohler* eine enge Verbindung. „Das Individualrecht steht oftmals ganz dicht neben dem Autorrecht, so dass, wer das eine greift, auch das andere verletzt."[104] Sofern also ein Manuskript gegen den Willen des Urhebers publiziert werde, sei nicht nur in das Persönlichkeits-, sondern auch in das Vermögensrecht des Urhebers eingegriffen.[105]

Während also die persönlichkeitsrechtlichen Interessen des Urhebers unübertragbar waren, bestand auf Grund der Verkehrsfähigkeit des Autorrechts trotzdem die Möglichkeit der wirtschaftlichen Verwertung des Werkes.[106] Auf Anerkennung stieß die Lehre von den sog. Immaterialgüterrechten durch die Einordnung des Urheberrechts als ökonomisch nutzbares immaterielles Gut.[107]

---

96 *Kohler*, Urheberrecht, S. 5.
97 *Kohler*, Urheberrecht, S. 1.
98 *Pahlow*, Lizenz und Lizenzvertrag, S. 170 ff.
99 *Kohler*, Urheberrecht, S. 172 ff.
100 *Kohler*, Urheberrecht, S. 175.
101 *Kohler*, Urheberrecht, S. 440.
102 *Kohler*, Urheberrecht, S. 440, 463 f., 465 f.
103 *Kohler*, Urheberrecht, S. 440.
104 *Kohler*, Autorrecht, S. 156.
105 *Kohler*, Autorrecht, S. 156.
106 *Pahlow*, ZGE/ IPJ 6 (2014), 429 (439 f.).
107 *Simon*, Das allgemeine Persönlichkeitsrecht, S. 41.

Die Verkehrsfähigkeit des Urheberrechts trug damit vor allem dem Bedürfnis der Verleger nach einer umfassenden Verwertung neuer Ideen und Schöpfungen Rechnung.[108] Zudem stand die Lehre von den sog. Immaterialgüterrechten mit den Vorschriften des Urheberrechtsgesetzes von 1870 in Einklang, welches eine vollständige Übertragung des Urheberrechts ermöglichte.[109] Auch bei den Kritikern des Begriffs des geistigen Eigentums stieß *Kohler's* Legitimation des Urheberrechts auf Akzeptanz, da das immaterielle Gut durch den Begriff der Immaterialgüterrechte nicht mehr in die Nähe des Sacheigentums gerückt wurde.[110]

III. Die Anerkennung des Urheberpersönlichkeitsrechts durch die Rechtsprechung

Das Reichsgericht machte erstmals im Jahre 1880 darauf aufmerksam, dass das Urheberrecht keine „ausschließlich vermögensrechtliche Seite" habe.[111] Vielmehr beruhe das Urheberrecht auf dem Gedanken, „dass jeder die Herrschaft besitzt, über die Gestaltungen seiner wissenschaftlichen oder künstlerischen Gedankentätigkeit und allein darüber zu bestimmen [...], ob, wie und wann sie zur öffentlichen Kundgebung gelangen sollen".[112] Dieses Recht bestehe unabhängig davon, ob der Urheber das Werk überhaupt verbreiten und verwerten lassen wolle. Eine „empfindliche Schädigung des Autors" liege eben nicht nur vor, wenn ohne die Genehmigung des Autors ein Nachdruck-Exemplar verbreitet werde, sondern auch bei einer unbefugten Veröffentlichung des Werks.[113] In der Entscheidung sprach das Reichsgericht weder ausdrücklich von persönlichkeitsrechtlichen Interessen des Urhebers, noch zitierte es *Gareis* oder *Gierke*. Allerdings sicherte das Reichsgericht dem Urheber erstmals über das Vermögensrecht hinausgehende Rechte zu, so dass es das Urheberrecht nicht mehr allein als Vermögensrecht einordnete.

Eine Entscheidung aus dem Jahr 1884 verfestigte die neu eingeschlagene Richtung des Reichsgerichts. So führte das Gericht aus, dass „das Reichsgesetz [...] nicht etwa das bloße Vermögensinteresse, sondern auch das geistige

108 *Pahlow*, Lizenz und Lizenzvertrags, S. 159.

109 *Pahlow*, ZGE/ IPJ 6 (2014), 429 (440).

110 *Pahlow*, Lizenz und Lizenzvertrag, S. 162 f.; *ders.*, UFITA 115 (2006), 705 (717); *ders.*, ARSP Bd. 98 (2012), 121 (128).

111 RG 21.09.1880 – 1783/80 – RGSt 2, 246 (249).

112 RG 21.09.1880 – 1783/80 – RGSt 2, 246 (249).

113 RG 21.09.1880 – 1783/80 – RGSt 2, 246 (249).

Interesse des Schriftstellers, das Interesse, welches derselbe daran hat oder haben kann, daß sein Werk nicht oder daß es nur so, wie es verfaßt ist, veröffentlicht werde, schützen will".[114] In diesem Zusammenhang spricht das Reichsgericht sogar *expressis verbis* von „Individualrechten", die nach dem Tode des Urhebers mit den Vermögensrechten auf dessen Erben übergehen.[115]

In der Entscheidung „Nietzsche-Briefe"[116] von 1908 nahm das Reichsgericht ausdrücklich die Existenz der persönlichkeitsrechtlichen Seite des Urheberrechts an. Zwar kenne das geltende bürgerliche Recht kein „allgemeines subjektives Persönlichkeitsrecht", aber „besondere, gesetzlich geregelte Persönlichkeitsrechte, wie das Namensrecht, das Warenzeichenrecht und das Recht am eigenen Bilde, die persönlichkeitsrechtlichen Bestandteile des Urheberrechts".[117] In dieser Entscheidung grenzt das Reichsgericht nicht nur die besonderen, gesetzlich geregelten Persönlichkeitsrechte von einem allgemeinen Persönlichkeitsrecht ab, sondern bestreitet darüber hinaus ausdrücklich die Existenz eines allgemeinen Persönlichkeitsrechts. Daraus folgt, dass das Reichsgericht zwar die rechtlich geschaffene Persönlichkeit anerkennt, nicht aber die Persönlichkeit, die jedem Menschen kraft seines Daseins verliehen wird.[118]

Wegweisend für die weitere Entwicklung des Urheberpersönlichkeitsrechts war das Urteil „Felseneiland mit Sirenen", welches das Reichsgericht im Jahre 1912 erließ: Die Vorschriften der §§ 12, 13, 15 ff., 18 Abs. 3, 19 Abs. 2, 21 LUG verdeutlichten, so die Richter, dass „der Künstler, dem modernen Rechtsempfinden entsprechend, ein gesetzlich geschütztes Recht darauf hat, dass das von ihm geschaffene Werk als ein Ausfluss seiner individuellen künstlerischen Schöpferkraft, der Mit- und Nachwelt nur in seiner unveränderten individuellen Gestaltung zugänglich gemacht bzw. hinterlassen wird".[119] Dieser Gedanke sei nur für den Fall in das Urheberrecht aufgenommen worden, dass der Urheber sein Urheberrecht selbst ganz oder teilweise auf einen anderen übertragen habe. Nur wenn trotz der Übertragung des Urheberrechts dem Urheber weiterhin die ausschließlichen Befugnisse zur Bearbeitung seines Werkes zustünden, „ist das Persönlichkeitsrecht des Künstlers namentlich in Verhältnisse zu dem Verleger oder zu denen gewahrt, denen er das Urheberrecht zum Zwecke der Vervielfältigung,

---

114 RG 01.07.1884 - II 168/84 - RGZ 12, 50 (51), fortgeführt in RG 16.09.1908 - I 499/07 - RGZ 69, 242 (244).

115 RG 01.07.1884 – II 168/84 – RGZ 12, 50 (52).

116 RG 07.11.1908 – I 638/07 – RGZ 69, 401 – Nietzsche Briefe.

117 RG 07.11.1908 – I 638/07 – RGZ 69, 401 (403) – Nietzsche Briefe

118 *Simon,* Das allgemeine Persönlichkeitsrecht, S. 221 f.

119 RG 08.06.1912 – I 382/11 – RGZ 79, 397 (399) – Felseneiland mit Sirenen.

gewerbsmäßigen Verbreitung oder gewerbsmäßigen Vorführung des Werkes übertragen hat".[120]

Indem das Reichsgericht das Recht zur Bearbeitung des Werkes ausschließlich dem Urheber zuordnete, trug es dem Umstand Rechnung, dass das Werk aus der Persönlichkeit des Urhebers hervorgegangen war und der Urheber durch den Schöpfungsakt eine besondere Beziehung zu dem Werk verband. Nur durch den Fortbestand dieses ausschließlichen Rechts des Urhebers, konnte nach der Übertragung des Urheberrechts das Persönlichkeitsrecht des Urhebers weiterhin gewürdigt werden. Erstmals machte das Reichsgericht dies sogar an gesetzlichen Vorschriften fest.

Damit griff das Reichsgericht den Schutz von über das Vermögensrecht hinausgehenden Interessen des Urhebers bereits Ende des 19. Jahrhunderts auf. Zunächst bezeichnete es diese Interessen als „Individualrechte", ohne allerdings explizit auf *Gareis* zu verweisen. Bei späterer Verwendung der Begriffe „Individualrecht" und „Persönlichkeitsrecht" nahm das Reichsgericht zwar weder auf *Gareis* noch auf *Gierke* Bezug, erkannte aber dennoch die Existenz entsprechender Rechtspositionen an.

IV. Zwischenergebnis

Die vorstehenden Ausführungen zeigen, dass sich um 1900 ein Wandel im Urheberrecht vollzog. Während das Urheberrecht bei Erlass der ersten gesamtdeutschen Urheberrechtsgesetze nur mit vermögensrechtlichen Erwägungen begründet wurde, erkannte die Literatur um die Jahrhundertwende, dass der Urheber auch ein persönlichkeitsrechtliches Interesse an seinem Werk hatte. Selbst bei einer unbeschränkten Übertragung des Urheberrechts sollte dem Urheber ein Urheberpersönlichkeitsrecht garantiert werden. Durch die Herleitung des Individual- bzw. Persönlichkeitsrechts aus dem geltenden Recht, nahmen zunächst *Gareis* und anschließend *Gierke* deutlichen Abstand zu der bis dato herrschenden naturrechtlichen Auffassung des „Rechts der Persönlichkeit". Zudem fanden *Gareis* und *Gierke* durch die Individual- und Persönlichkeitsrechte eine einheitliche und geschlossene Betrachtungsweise des Urheberrechts. Demgegenüber trennte *Kohler* zwischen dem Urheberrecht als Immaterialgüterrecht und dem Persönlichkeitsrecht des Urhebers; beide Rechte standen nebeneinander.[121] Diese dualistische Auffassung des Urheberrechts ermöglichte die

---

120 RG 08.06.1912 – I 382/11 – RGZ 79, 397 (399) – Felseneiland mit Sirenen.
121 *Pahlow,* Lizenz und Lizenzvertrag, S. 170 ff.

Verkehrsfähigkeit des Immaterialgüterrechts und die untrennbare Verknüpfung des Persönlichkeitsrechts mit dem Urheber.[122]

In etwa zeitgleich mit *Kohler, Gareis* und *Gierke* stellte das Reichsgericht im Jahre 1880 fest, dass das Urheberrecht keine „ausschließlich vermögensrechtliche Seite“[123] habe. Nach Erlass des BGB grenzte das Reichsgericht im Jahre 1908 die besonderen, gesetzlich geregelten Persönlichkeitsrechte (zu diesen zählte das Reichsgericht unter anderem das Urheberrecht) von dem allgemeinen Persönlichkeitsrecht ab, welches dem bürgerlichen Recht nicht geläufig sei. Auf Grund der schon Anfang des 20. Jahrhunderts erfolgten Anerkennung des Urheberrechts als Persönlichkeitsrecht kann zugleich darauf geschlossen werden, dass das gesetzlich normierte Urheberrecht ein Wegbereiter bei der Ausgestaltung des allgemeinen Persönlichkeitsrechts war.[124]

C. Die Reaktion des Gesetzgebers auf die Entstehung neuer Verwertungsmöglichkeiten

Nicht nur der Aufschwung im Buch- und Verlagswesen, sondern auch die Erfindung des Phonographen und die Weiterentwicklung des Filmes stellten die Buch-, Musik- und Filmindustrie um die Jahrhundertwende vor rechtliche Herausforderungen. Die bestehenden Urheberrechtsgesetze von 1870 und 1876 behandelten vorwiegend das Nachdruckverbot und wiesen Lücken hinsichtlich der neu entstandenen Verwertungsmöglichkeiten auf.[125] Zudem ließen die Urheberrechtsgesetze offen, ob die neuen Nutzungsmöglichkeiten eines Werkes dem Erwerber oder dem Urheber zufielen, wenn bereits zuvor der Erwerber das vollständige Urheberrecht an einem Werk erworben hatte.

I. Die Entstehung neuer Verwertungsmöglichkeiten

Das Buch- und Verlagswesen erlebte ab Mitte des 19. Jahrhunderts eine Boomphase. Bis 1880 verdoppelte sich die Zahl der Buchverlage auf 1238.[126] Gleichzeitig nahm die Bedeutung der Sekundärverwertung durch die Bildung von Journallesezirkeln und die Durchsetzung der Massenpresse im Bereich der

---

122 *Pahlow*, Lizenz und Lizenzvertrag, S. 171 m.w.N.

123 RG 21.09.1880 - 1783/80 - RGSt 2, 246 (249).

124 *Leuze*, Entwicklung des Persönlichkeitsrechts, S. 80 f. - Neuerdings dazu *Peifer*, Individualität im Zivilrecht, S. 136.

125 *Pahlow*, Einleitung, in: *Apel/ ders./ Wießner*, Biographisches Handbuch, S. 15.

126 *Wittmann*, Buchmarkt und Lektüre, S. 119; *Tietzel*, Literaturökonomik, S. 48; *Pahlow*, Lizenz und Lizenzvertrag, S. 111.

Zeitschriften zu.[127] Überdies versuchten die Verleger durch die Mehrfachverwertung von Werken in Form von Erstveröffentlichungen in Zeitschriften oder Zeitungen, anschließenden Einzelausgaben, Gesamtausgaben und Sammelwerken, einen breitestmöglichen Absatz zu erreichen.[128] Den Verlegern boten die bis dahin unbekannten Verwertungsmöglichkeiten neue finanzielle Möglichkeiten, weshalb sie an einer umfassenden Einräumung des Urheberrechts durch die Urheber interessiert waren.[129] Mit der Zunahme der zusätzlichen Verwertungsmöglichkeiten stieg auf Seiten der Verwerter das ökonomische Interesse an einer umfassenden Verwertung des Werkes, so dass Verleger „zu industriell denkenden Unternehmer- und Verlegerpersönlichkeiten"[130] avancierten. Obwohl das urheberrechtliche Werk zum bedeutenden Wirtschaftsgut aufstieg,[131] schlossen die Verwerter den Urheber von der finanziellen Teilhabe aus, da der Urheber für die Einräumung des Urheberrechts an seinem Werk zumeist nur eine pauschale Vergütung erhielt. Hatte der Urheber einem Verleger das vollständige Urheberrecht an seinem Werk eingeräumt, verlor er nicht nur jegliche Befugnisse an seinem Werk, sondern wurde zudem von dem wirtschaftlichen Erfolg seines Werkes ausgeschlossen. Zwar bildeten das Urheber- und das Verlagsrecht das rechtliche Fundament für die Verwertung der urheberrechtlichen Werke, sicherten dem Urheber aber keine angemessene Vergütung an der Verwertung seines Werkes.[132]

Neue Herausforderungen für die Ermittlung des Umfangs der Nutzungsrechtseinräumung brachte Ende des 19. Jahrhunderts auch die Erfindung des Phonographen mit sich: Bislang war für die Vervielfältigung von Werken die Schrift erforderlich gewesen. Mit Hilfe des Phonographen konnte mit weniger Aufwand eine Walze besprochen oder Musik in akustisch-mechanischer Weise aufgenommen bzw. wiedergegeben werden. Einerseits konnte der Inhalt der besprochenen Walzen jederzeit wiedergegeben werden.[133] Andererseits kam es vielfach zur Herstellung von Duplikaten, die mechanisch reproduziert werden

127 Dimpfl/ Jäger/ *Jäger/ Rudek*, Sozialgeschichte der deutschen Literatur, Teil 2, S. 211 ff.

128 *Pahlow*, Lizenz und Lizenzvertrag, S. 111; Dimpfl/ Jäger/ *Jäger/ Rudek*, Sozialgeschichte der deutschen Literatur, Teil 2, S. 219.

129 *Pahlow*, Lizenz und Lizenzvertrag, S. 111 f.; *Tietzel*, Literaturökonomik, S. 47; *Rarisch*, Industrialisierung und Literatur, S. 61 f.; *Wittmann*, Buchmarkt und Lektüre, S. 154.

130 *Pahlow*, Lizenz und Lizenzvertrag, S. 112.

131 *Pahlow*, Lizenz und Lizenzvertrag, S. 111.

132 *Pahlow*, Lizenz und Lizenzvertrag, S. 111.

133 *Dommann*, Autoren und Apparate, S. 70.

konnten. Damit ermöglichten die neuen Möglichkeiten der Wiedergabe von Musikstücken eine „industriellen Mechanisierung der geistigen Werke".[134]

Da eine Reaktion des Gesetzgebers auf die neue akustisch-mechanische Möglichkeit der Verwertung von Musikstücken zunächst ausblieb, hatte die Phonoindustrie keinerlei rechtliche Möglichkeiten, um ihre Originalaufnahmen vor Kopien zu schützen.[135] Damit verloren die Verleger im Bereich der musikalischen Werke ihre wirtschaftliche Monopolstellung.[136] Musik konnte fortan nicht mehr nur in Konzertsälen und Opernhäusern gespielt werden, sondern war prinzipiell jedermann zugänglich.[137]

Zu einer grundsätzlichen Veränderung kam es auch auf dem Gebiet des Musikverlagwesens: Ende des 18. Jahrhunderts erzielten Musikalien wie Noten oder Notenbücher nur einen kleinen Absatz, da ihre Herstellung durch die Verwendung von Hochdruck mit (beweglichen) Typen oder Tiefdruck mit gestochenen Notenplatten sehr aufwendig war. Zudem limitierte der hohe Preis der Musikalien den Käuferkreis.[138] Einen grundlegenden Wandel brachte jedoch die Einführung der dampfbetriebenen Schnellpressen im Jahre 1862, welche täglich bis zu 6000 Seiten drucken konnten.[139] Die dampfbetriebene Schnellpresse erlaubte es, dass Musikalien mit verringertem Zeit- und Personalaufwand produziert werden konnten. Der daraus resultierende günstige Preis der Musikalien ermöglichte nun auch den musikalischen Hausgebrauch.[140] Im 19. Jahrhundert entwickelten sich die Musikalien damit von einem exklusiven Gut zu einem Massenprodukt für ein verhältnismäßig breites Publikum.[141] Um an dem steigenden Absatz von Musikalien teilhaben zu können, kam es gleichzeitig zu einer Vielzahl von Verlagsneugründungen und zu einer Trennung von Musikalienhandel und Musikverlag. Infolgedessen entwickelte sich in Deutschland eine neue Musikindustrie.[142]

---

134 *Goldbaum,* in: *Nipperdey,* Kommentar Reichsverfassung, Art. 158, S. 377.

135 Von technischer Seite aus beschäftigte sich *Dommann,* Autoren und Apparate, S. 66–85 ausführlich mit dem Phonogaphen.

136 *Pahlow,* Einleitung, in: *Apel/ ders./ Wießner,* Biographisches Handbuch, S. 15 m.w.N.

137 *Pahlow,* Einleitung, in: *Apel/ ders./ Wießner,* Biographisches Handbuch, S. 15.

138 *Oppermann,* Musikalische Klassiker-Ausgaben, S. 32.

139 *Oppermann,* Musikalische Klassiker-Ausgaben, S. 34 f. m.w.N.

140 *Oppermann,* Musikalische Klassiker-Ausgaben, S. 35.

141 *Oppermann,* Musikalische Klassiker-Ausgaben, S. 36 m.w.N.

142 *Dommann,* Autoren und Apparate, S. 50; *Oppermann,* Musikalische Klassiker-Ausgaben, S. 32 f.

Als sich Ende des 19. Jahrhunderts der Film entwickelte und die Filmwirtschaft in den darauffolgenden Jahren und Jahrzehnten stetig wuchs,[143] stieg der Bedarf an Werken, die sich für Verfilmungen eigneten. Aus diesem Grund griff die Filmindustrie auf bereits vorhandene Werke (insbesondere auf Romane und Theaterstücke) zurück und erwarb von den Verlagen die Verfilmungsrechte. Die Berechtigung zur Veräußerung der Verfilmungsrechte nahmen die Verleger aus ihren Verträgen mit den Urhebern.[144] Gegen Zahlung eines Pauschalbetrages hatten die meisten Autoren den Verlegern bereits Ende des 19. Jahrhunderts alle Nutzungsrechte an ihrem literarischen Werk eingeräumt.[145] Die Verlagsverträge umfassten in der Regel auch Rechte an noch unbekannten Verwertungsarten. Profitabel war der Verkauf der Filmrechte für die Verleger nur dann, wenn die Autoren auf Grund einer zuvor gezahlten Pauschalvergütung nicht an der gewinnbringenden Verfilmung des Werkes beteiligt werden mussten.[146] Die Urheber wendeten gegen die fehlende Beteiligung ein, dass zur Zeit des Vertragsabschlusses noch nicht absehbar gewesen sei, dass in Zukunft die Möglichkeit der Verfilmung bestehen würde.[147]

Der beschriebene Konflikt beschränkte sich nicht allein auf die Filmbranche, sondern spitzte sich ebenfalls in der Musik- und Verlagsbranche zu. Einerseits ermöglichten die neuen technischen Entwicklungen den Urhebern, dass ihr Werk in zusätzlichen Formen verwertet und damit einem größeren Publikum zugänglich wurde. Die neuen Verwertungsarten brachten aber andererseits das Risiko mit sich, dass die Urheber durch vorherige pauschale Rechtsübertragungen nur bruchstückhaft an den Verwertungserlösen beteiligt wurden. Zudem verblieben den Urhebern durch die vollständige Urheberrechtsübertragung an den Erwerber keine eigenen Rechtspositionen, da sie diese zuvor dem Erwerber eingeräumt hatten.[148] Aus der translativen Übertragung des Urheberrechts folgte, dass „neu entstehende Nutzungsmöglichkeiten dem Erwerber und nicht dem Urheber zu[fallen]"[149]. Folglich waren es nicht die Urheber selbst, die von ihrer schöpferisch-geistigen Tätigkeit finanziell profitierten, sondern allein die Verwerter. Die bestehenden Gesetze boten für diesen Konflikt keinen Lösungsansatz, da sie lediglich das Nachdruckverbot behandelten und Lücken hinsichtlich

143 *Christen/ Blanchet,* in: *dies.*, Einführung in die Filmgeschichte Bd. 3, S. 9.
144 *Goldbaum*, GRUR 1923, 182 (182).
145 *Lange,* Der deutsche Buchhandel, S. 78.
146 *Lange,* Der deutsche Buchhandel, S. 78.
147 *Goldbaum*, GRUR 1923, 182 (182).
148 *Pahlow,* Lizenz und Lizenzvertrag, S. 114 f.
149 *Osterrieth/ Marwitz,* Das Urheberrecht, § 10 KUG, S. 71.

der neuen Verwertungsmöglichkeiten aufwiesen. Aus diesem Grund galten die Urheberrechtsgesetze schon bald nach ihrem Inkrafttreten als veraltet.[150]

II. Die Reaktion des Gesetzgebers

Mit Inkrafttreten des Gesetzes betreffend das Urheberrecht an Werken der Literatur und der Tonkunst (LUG) im Jahr 1901, entspannte sich das Verhältnis zwischen Urhebern und Verwertern zumindest teilweise. Zwar ließ das Gesetz weiterhin eine vollständige Übertragung des Urheberrechts auf den Erwerber zu, behielt dem Urheber aber im Falle der vollständigen Urheberrechtsübertragung bestimmte Rechte zurück, sofern deren Übertragung nicht Gegenstand einer ausdrücklichen Vereinbarung war. Im Falle einer Übertragung des (unbeschränkten) Urheberrechts verblieben dem Urheber gemäß § 14 Abs. 2 Nr. 1–3 LUG die ausschließlichen Befugnisse hinsichtlich der Übersetzungen, Wiedergaben einer Erzählung in dramatischer Form oder eines Bühnenwerkes in der Form einer Erzählung und bei Bearbeitungen eines Werkes der Tonkunst. Durch die Novelle von 1910 wurde § 14 LUG dahingehend verändert, dass auch die Befugnisse für die Benutzung des Werkes zum Zwecke der mechanischen Wiedergabe für das Gehör (Nr. 4) und die Befugnisse für die Benutzung eines Schriftwerkes zum Werke der kinematographischen Wiedergabe (Nr. 5) beim Urheber verblieben. Die Zusicherung dieser Befugnisse stellte eine Neuerung des LUG dar und war eine erste Reaktion des Gesetzgebers auf die neuen Verwertungsmöglichkeiten. Der Gesetzgeber begründete den Erlass dieser Vorschrift damit, dass der Erwerber trotz unbeschränkter Übertragung des Urheberrechts das Werk nicht ohne Einwilligung des Urhebers bearbeiten dürfe. Vielmehr sei davon auszugehen, dass sich der Schriftsteller die Möglichkeit bewahren wollte, das Werk in einer anderen Sprache zu übersetzen oder als Bühnenwerk zu veröffentlichen.[151]

Als weitere Neuerung brachte das LUG Ausschließlichkeitsrechte des Urhebers hinsichtlich Übersetzungen, Rückübersetzungen und Dramatisierungen von Bühnenwerken (§ 12 Abs. 2 Nr. 1–6 LUG) mit sich. Nach Anerkennung des Filmurheberrechts durch die Novelle des LUG im Jahre 1910, folgten die Ausschließlichkeitsrechte im Bereich der bildlichen Darstellung und der Kinematographie. Die Norm räumte dem Urheber die ausschließliche Befugnis ein, die bearbeiteten Formen seines Werkes zu vervielfältigen und gewerbsmäßig zu verbreiten. Ähnliche Vorschriften erließ der Gesetzgeber im Jahr 1907 im Gesetz

---

150 *Pahlow*, Einleitung, in: *Apel/ ders./ Wießner*, Biographisches Handbuch, S. 15.
151 Reichstagsprotokolle 1900/03, 11, Aktenstück Nr. 97, S. 398.

betreffend das Urheberrecht an Werken der bildenden Künste und der Photographie (KUG). § 15 KUG beließ dem Urheber trotz Übertragung des Urheberrechts zahlreiche Ausschließlichkeitsrechte.

Parallel zu den Urheberrechtsgesetzen trat im Jahr 1901 das bis heute noch gültige Gesetz über das Verlagsrecht (VerlG) in Kraft. Ähnlich wie im LUG blieben dem Urheber nach § 2 Abs. 2 VerlG bei Einräumung des Verlagsrechts an den Verleger bestimmte Rechte an seinem Werk erhalten. In diesem Zusammenhang sollte der Urheber frei entscheiden können, ob er sein Werk nach dem erfolgreichen Verlegen auch noch als Bühnenwerk herausgeben oder in eine andere Sprache übersetzen lassen wollte (§ 2 Abs. 2 VerlG).

Die Vorschriften des LUG, KUG und VerlG verdeutlichen, dass dem Gesetzgeber das Problem der pauschalen Übertragung des Urheberrechts und dem damit einhergehenden Verlust des Urheberrechts durchaus bewusst war. Der Gesetzesentwurf erweiterte den gesetzlichen Schutz des Urhebers „vielfach“,[152] insbesondere hinsichtlich der persönlichen Interessen des Verfassers.[153] Obwohl „ein anderer die Befugnis erlangt, das Recht des Urhebers zu verwerten, wird das persönliche Interesse des Urhebers an dem Werk an sich nicht beseitigt“.[154] Zwar sah der Gesetzgeber das Urheberrecht als Vermögensrecht an, war sich aber bewusst, dass durch „die Veröffentlichung des Werkes, ohne welche dessen Verwertung nicht ausführbar ist, die rein persönlichen Interessen des Urhebers unmittelbar berührt“[155] seien. Zum Schutz der persönlichen Interessen dürfe das Werk deshalb im Falle einer vollständigen Übertragung des Urheberrechts ohne die Zustimmung des Urhebers weder abgeändert noch veröffentlich werden, §§ 9, 11 Abs. 1 S. 2 LUG. Zudem behielt § 15 LUG die Vervielfältigung des Werkes ausschließlich dem Urheber vor.[156] Der Gesetzgeber zeigte also durch die Normierung von Ausschließlichkeitsrechten und der Zurückbehaltung einzelner Rechte ein „Gefährdungsbewusstsein“ hinsichtlich der vollständigen Aufgabe der Urheberrechte und dessen Weiterverwertung durch die Verleger. Diese Maßnahmen stützte der Gesetzgeber insbesondere auf die persönlichen Interessen der Urheber an ihren Werken. In diesen Vorschriften sind im Ergebnis erste „Vorsichtsmaßnahmen“ zugunsten der Urheber zu erkennen, damit diese ihre Rechte an dem Werk nicht mehr vollständig verlieren sollten. Gleichwohl gelang

---

152 Reichstagsprotokolle 1900/03, 11, Aktenstück Nr. 97, S. 392.
153 Reichstagsprotokolle 1900/03, 11, Aktenstück Nr. 97, S. 392.
154 Reichstagsprotokolle 1900/03, 11, Aktenstück Nr. 97, S. 395.
155 Reichstagsprotokolle 1900/03, 11, Aktenstück Nr. 97, S. 395.
156 Reichstagsprotokolle 1900/03, 11, Aktenstück Nr. 97, S. 392.

es dem Gesetzgeber aber nicht, dem Urheber eine stärkere Beteiligung an der Verwertung bereits übertragener Rechte zu sichern oder gar die Unübertragbarkeit des Urheberrechts zu normieren. Insoweit erschienen die Urheberrechtsgesetze trotz der Novelle des Urheberrechts im Jahre 1910 als ein untaugliches Mittel dafür, eine Lösung für die Herausforderungen der technischen Neuerungen zu liefern.

Während der nationale Gesetzgeber weitere Antworten hinsichtlich der neuen Verwertungsarten schuldig blieb, reagierten die Teilnehmer der Konferenz von Rom im Jahre 1928 auf den Fortschritt der Technik mit der Normierung eines *droit moral* in Art. 6bis Revidierte Berner Übereinkunft (RBÜ)[157]. Der Vorschlag Frankreichs, mit dem *droit moral* ein unübertragbares Recht zu schaffen, stieß in der deutschen Literatur auf Anklang.[158] Da in einigen Fällen eben nicht die vermögensrechtlichen Interessen des Urhebers tangiert seien und die Massenverbreitung von Werken auf Grund der technischen Entwicklungen weiter zunehme, sei die Normierung eines *droit moral* von wachsender Bedeutung.[159] Je mehr dem Urheber durch die Massenverbreitung der „Werke die Verfügung über sein Werk entzogen wird, desto wichtiger ist es, dass er sich auf sein Persönlichkeitsrecht als letztes Refugium zurückziehen kann, um einer seiner künstlerischen und schriftstellerischen Rufe Abbruch tuenden Wiedergabe des Werkes entgegenzutreten".[160]

Trotz der Regelung des *droit moral* in Art. 6bis RBÜ und der Forderungen der Literatur, kam es bis zum Jahre 1965 zu keiner Reform des deutschen Urheberrechts hinsichtlich der persönlichkeitsrechtlichen Befugnisse des Urhebers. Zwar wurde die Frage der Übertragbarkeit des Urheberrechts gemäß Art. 6bis Abs. 2 RBÜ in das Ermessen der Landesgesetzgebung gestellt wurde. Da der deutsche

157 Art 6 ^{bis} RBÜ: „(1) Unabhängig von seinen vermögensrechtlichen Befugnissen und selbst nach deren Abtretung behält der Urheber das Recht, die Urheberschaft am Werk für sich in Anspruch zu nehmen und sich jeder Entstellung, Verstümmelung, sonstigen Änderung oder Beeinträchtigung des Werkes zu widersetzen, die seiner Ehre oder seinem Ruf nachteilig sein könnten. (2) Der inneren Gesetzgebung der Verbandsländer bleibt es vorbehalten, die Bedingungen für die Ausübung dieser Rechte festzusetzen. Die zu ihrer Wahrung dienenden Rechtsbehelfe werden durch die Gesetzgebung des Landes geregelt, wo der Schutz beansprucht wird."

158 *Klauer,* UFITA Bd. 1 (1928), 365 (373); *Hoffmann,* Die Berner Übereinkunft zum Schutze von Werken der Literatur und Kunst, S. 103.

159 *Klauer,* UFITA Bd. 1 (1928), 365 (373); *Hoffmann,* Die Berner Übereinkunft zum Schutze von Werken der Literatur und Kunst, S. 103.

160 *Klauer,* UFITA Bd. 1 (1928), 365 (373).

Gesetzgeber allerdings den Schutz des Urheberpersönlichkeitsrechts durch die § 9 LUG und §§ 12, 13 KUG für ausreichend befand, folgte keine Umsetzung des Art. 6bis Abs. 1 RBÜ.[161]

D. Erste Schutzinstrumente der Literatur zur Begrenzung des Umfangs der Rechtseinräumung zu Gunsten der Urheber

Obwohl der Gesetzgeber bei Erlass des LUG im Jahre 1901 erkannte, dass „persönliche Interessen, [...] den Verfasser mit seinem Werke verbinden",[162] ließen die § 8 Abs. 3 LUG und § 10 Abs. 3 KUG weiterhin die vollständige Übertragung des Urheberrechts zu. Trotz der gesetzlichen Möglichkeit der Übertragung des Urheberrechts, sprach sich allerdings die Literatur zum LUG, KUG und VerlG Anfang des 20. Jahrhunderts zunehmend für eine Unübertragbarkeit des Urheberrechts aus und begründete dies mit persönlichkeitsrechtlichen Erwägungen.[163]

Kurt Hillig (1928) regte an, das „von dem Urheberrecht nur die im Vertrag ausdrücklich erwähnten Befugnisse des Urhebers auf einen Dritten übertragen"[164] werden sollten. Weitergehende Rechte sollten beim Erwerber zurückbleiben.[165]

---

161 Ausführlich hierzu *Vogt,* Die urheberrechtlichen Reformdiskussionen, S. 30 f.

162 Reichstagsprotokolle 1900/03, 11, Aktenstück Nr. 97, S. 420 f. Auch der Entwurf des Gesetzes betreffend das Urheberrecht an Werken der bildenden Künste und der Photographie sprach von „ideellen und Persönlichen Interessen des Schöpfern eines Werkes", Reichstagsprotokolle 1905/06, 7, Aktenstück Nr. 30, S. 1531. Demgegenüber erwähnte der Entwurf des Gesetzes betreffend das Urheberrecht an Schriftwerken, Abbildungen, musikalischen Kompositionen und dramatischen Werken von 1870 die persönlichen Interessen des Urhebers nicht, Reichstagsprotokolle 1867/70, 12, Aktenstück Nr. 7, S. 125 ff.

163 *De Boor,* Urheberrecht, S. 211; *Dahn,* Deutsches Privatrecht, Bd. 1, S. 45 f.; *ders.,* Rechtsbuch, S. 113; *Müller,* Urheber- und Verlagsrecht Bd. 1, S. 8 ff.; *Allfeld,* Urheberrecht, S. 66; *Beseler,* Deutsches Privatrecht, Bd. 2, S. 954; *Mittelstaedt/ Hillig,* Verlagsrecht, S. 5; *Dernburg,* Urheberrecht, S. 947; *Göpel,* Urheberrecht, S. 38; *Melliger,* Das Verhältnis des Urheberrechts zu den Persönlichkeitsrechten, S. 24; *Marwitz,* UFITA Bd. 1 (1928), 389 (390). *Stobbe,* Handbuch des deutschen Privatrechts, S. 12 ff.; geht noch nicht so weit, dem Urheberrecht eine persönlichkeitsrechtliche Seite zuzusprechen, stellt allerdings fest, dass dieses jedenfalls kein reines Vermögensrecht sei. Beginnend schon *Scheele,* Das deutsche Urheberrecht, S. 173, der das Urheberrecht zwar noch als Vermögensrecht einordnet, dem Urheber aber schon persönliche Interessen an seinem Werk zuspricht. *Korn,* Handbuch des Zivilrechts (1908), S. 282 rückt nicht von der Einordnung des Urheberrechts als Vermögensrecht ab.

164 *Hillig,* 385 Gutachten, S. 40.

165 *Hillig,* 385 Gutachten, S. 40.

Die Ausführungen von *Philipp Allfeld* (1908) gingen sogar noch einen Schritt weiter. Er nahm eine inhaltliche Verknüpfung zwischen der Rechtsübertragung und dem ihr zugrunde liegenden vertraglichen Zweck an: „Die Rechte des Verlegers werden häufig auch durch den Zweck des Unternehmens, für das er das Verlagsrecht erhalten hat, begrenzt."[166] Wurde im Verlagsvertrag z.B. nur die Vervielfältigung einer Illustration in einer Zeitschrift vereinbart, dürfe der Verleger das Werk nur für diesen Zweck nutzen. Sah der Verlagsvertrag dagegen keine nähere Bezeichnung des Vertragszweckes vor, sei im Zweifel anzunehmen, dass der Verleger das betroffene Werk lediglich vervielfältigen dürfe, eine weitergehende Nutzung umfasse der Vertragszweck im Zweifel nicht. *Allfeld* ging ferner davon aus, dass nicht nur bei Werken der Literatur, sondern auch im Kunstgewerbe in Ermangelung ausdrücklicher Bestimmungen der Zweck der Verwendung der Vertragsparteien ermittelt werden müsse.[167] *Allfeld* bewies mit seinen Ausführungen besonderen Weitblick, indem er bei Zweifeln über den Umfang und Inhalt der Rechtsübertragung, den „Zweck" der Verwendung der Rechte als feststehenden Kern des Rechtsgeschäfts ansah und sich nicht auf eine Auslegung beschränkte. Vielmehr nahm er an, dass der Vertragszweck im Zweifel nur die Vervielfältigung des Werkes vorsah, weitergehende Nutzungsrechte, die nicht ausdrücklich vereinbart wurden, aber beim Urheber zurückblieben. Demnach sollte der Urheber insbesondere in Zweifelsfällen nicht mehr Rechte „als nötig" übertragen.

Besonderes Augenmerk ist auf die Ausführungen von *Albert Osterrieth* (1922) zu legen. Das Bedürfnis des Urhebers sei „grundsätzlich darauf gerichtet, das Werk in jeder möglichen Form und Darstellungsart zu verbreiten. Dieser Zweck liegt jedem Urheberrechtsvertrag und jedem Verlagsvertrag zugrunde".[168] *Osterrieth* kritisierte, dass sich die Verleger aus geschäftlichen Gründen Rechte einräumen ließen, deren Verwertung sie dem Urheber überhaupt nicht gewährleisten könnten, da diese Verwertungsart gar nicht im Tätigkeitsbereich der Verleger liege. So könne ein Verleger – sofern er keine Bühnenagentur führe – das Werk nicht in mechanischer Weise oder als Film vorführen. Ließe sich der Verleger trotzdem diese Rechte übertragen, „so heißt das nur, dass er aus der Verwertung dieser Rechte Einnahmen erzielen will, aber nicht, dass er für die sachgemäße

166 *Allfeld*, Urheberrecht, S. 72.

167 *Allfeld*, Urheberrecht, S. 72.

168 *Osterrieth*, Betrachtungen zur Reform des Urheberrecht und des Verlagsrechts, in: *Sinzheimer*: Die geistigen Arbeiter, Schriften des Vereins für Sozialpolitik, NF, Bd. 152, S. 263.

Verwertung dieser Rechte einsteht".[169] Auffallend ist, dass *Osterrieth* durch die Einräumung über den Vertragszweck hinausgehender Rechte „sowohl die persönlichen als auch die wirtschaftlichen Interessen des Urhebers an dem Werk geschädigt" sah.[170] Die wirtschaftlichen Interessen des Urhebers seien durch eine unbeschränkte Einräumung von Rechten tangiert, da der Urheber in den Zeiten des wirtschaftlichen Notstandes kaum mehr seinem Broterwerb nachkommen könnte, wenn er nicht angemessen an der Verwertung seines Werkes beteiligt würde.[171] Worin *Osterrieth* allerdings die Gefahr für die persönlichen Interessen des Urhebers sah, ließ er offen. *Osterrieth* erachtete es als sinnvoll, „gesetzlich vorzuschreiben, dass der Verleger nur solche Rechte erwerben kann, deren Verwertung er zugleich als Pflicht übernimmt".[172] Dies gelte nicht nur für die Übertragung des Urheberrechts, sondern auch für die Einräumung des Verlagsrechts.[173] *Goldbaum* findet bei den Überlegungen von *Osterrieth* keine Erwähnung. Dies mag jedoch an der zeitlichen Überschneidung beider Veröffentlichungen im Jahre 1922 liegen.[174]

Die vorstehenden Ausführungen zeigen, dass sich die Autoren schon vor *Goldbaum* mit der Zurückbehaltung von urheberrechtlichen Rechtspositionen beschäftigten. Nach *Allfeld* lag jedem Verlagsvertrag ein „Zweck" zugrunde,

---

169 *Osterrieth,* Betrachtungen zur Reform des Urheberrecht und des Verlagsrechts, in: *Sinzheimer*: Die geistigen Arbeiter, Schriften des Vereins für Sozialpolitik, NF, Bd. 152, S. 263 f.

170 *Osterrieth,* Betrachtungen zur Reform des Urheberrecht und des Verlagsrechts, in: *Sinzheimer*: Die geistigen Arbeiter, Schriften des Vereins für Sozialpolitik, NF, Bd. 152, S. 264.

171 *Osterrieth,* Betrachtungen zur Reform des Urheberrecht und des Verlagsrechts, in: *Sinzheimer*: Die geistigen Arbeiter, Schriften des Vereins für Sozialpolitik, NF, Bd. 152, S. 267 f.

172 *Osterrieth,* Betrachtungen zur Reform des Urheberrecht und des Verlagsrechts, in: *Sinzheimer*: Die geistigen Arbeiter, Schriften des Vereins für Sozialpolitik, NF, Bd. 152, S. 264.

173 *Osterrieth,* Betrachtungen zur Reform des Urheberrecht und des Verlagsrechts, in: *Sinzheimer*: Die geistigen Arbeiter, Schriften des Vereins für Sozialpolitik, NF, Bd. 152, S. 264

174 *Goldbaum* bezog sich in der zweiten Auflage seines Lehrbuchs aus dem Jahre 1927 auf die obenstehenden Ausführungen *Osterrieths*. Er brachte sie jedoch nicht mit seiner Zweckübertragungslehre in Verbindung, sondern legte in Anlehnung an *Osterrieth* dar, dass nach dem Prinzip der Ökonomie des Rechts ein Verleger nur soviel Recht erwirbt, als es zur Erfüllung seines Verlagszweckes bedürfe, *Goldbaum,* Urheber- und Urhebervertragsrecht, S. 164.

welcher ermittelt werden sollte. Bemerkenswert ist, dass *Osterrieth* die übermäßige Übertragung von Verwertungsrechten mit einer Schädigung der wirtschaftlichen und persönlichen Interessen des Urhebers verband.

Die Überlegungen der Autoren über den Umfang des Rechtsübergangs passen in die Zeit zu Beginn des 20. Jahrhunderts, da sich die Literatur erstmals nicht mehr nur mit den vermögensrechtlichen Interessen des Urhebers beschäftigte, sondern sich zunehmend seinen persönlichkeitsrechtlichen Interessen widmete. In diesem Zusammenhang ist es wenig überraschend, dass das Bedürfnis nach einer eingeschränkteren Rechtseinräumung des Urheberrechts immer stärker wurde, zumal das Urheberrecht nach den gesetzlichen Vorschriften weiterhin vollständig übertragbar war. Auf Grund dieser Inkonsistenz zwischen den gesetzlichen Regelungen und den Bedürfnissen des Urhebers sah sich die Literatur gezwungen, Schutzinstrumente zu Gunsten des Urhebers zu entwickeln, um diesen vor einer zu umfangreichen Aufgabe seines Urheberrechts zu schützen.

E. Zivilrechtliche Lösungsansätze zur Überwindung der Auswirkungen der inflationsbedingten Geldentwertung auf die Honorare der Autoren

Zu Beginn des 20. Jahrhunderts führte die Inflation zu einem drastischen Anstieg der Verlagskosten. Aus Angst vor einem Absatzeinbruch wälzten die Verleger die Kostensteigerung auf die Autorenhonorare ab.[175] Freilich begehrten die Autoren von den Verlegern eine Anpassung ihrer langfristigen Honorarverträge an die inflationsbedingte Geldentwertung und eine angemessene Beteiligung an den Früchten ihrer Werke, um weiterhin ihren Lebensunterhalt bestreiten zu können. Da das Urheberrecht weder für die Anpassung der veralteten Honorarvereinbarungen an die inflationsbedingte Geldentwertung noch für die unangemessene Beteiligung der Urheber am Erlös ihrer Werke Lösungsansätze bot, versuchten Literatur und Rechtsprechung, die vor dem Ersten Weltkrieg und der Inflation abgeschlossenen Verlagsverträge durch Vertragsauslegung und Vertragsanpassung zu korrigieren.

I. Die Auswirkungen der Inflation auf das Verlagswesen

Die Verleger und Autoren bekamen die Auswirkungen des Ersten Weltkrieges und der Inflation deutlich zu spüren. Durch die Verknappung der Güter

175 *Fischer/ Füssel*, Geschichte des deutschen Buchhandels, S. 105; *Knappenberger-Jans*, Verlagspolitik und Wissenschaft, S. 455.

und Rohstoffe stiegen die Preise für Druckpapier; gleichzeitig erhöhten sich die Druck- und Bindekosten. Obwohl kriegs- und inflationsbedingt die Preise für Druckpapier zwischen 1914 und 1920 um das Zehnfache gestiegen waren, kam es bis 1920 lediglich zur einer Verdopplung der Bücherpreise.[176] Bedingt war die zurückhaltende Erhöhung der Bücherpreise durch die Empfehlung des Deutschen Verlegervereins, der seinen Mitgliedern zunächst davon abriet, die Bücherpreise anzuheben. Vielmehr ermunterte er diese „soweit sie nicht schon durch die Erhöhung der Preise gezwungen sind, verschiedene Unternehmen einzustellen oder aufzuschieben".[177] Eine Erhöhung der Bücherpreise würde nur dazu führen, dass die Verbraucher die Bücher nicht mehr kaufen würden.[178] Als die Inflation jedoch in den Jahren 1921/22 voranschritt, wälzten die Verleger aus Angst vor einem Absatzeinbruch die Kostensteigerung auf die Autorenhonorare ab, zumal sie diese als flexible, frei disponierbare Bestandteile der Buchkalkulation ansahen.[179] 90% der Verlagsverträge enthielten langfristige Vereinbarungen über die mehrfache Auflage des Werkes und ein schon vor dem Krieg festgelegtes prozentuales Verfasserhonorar für jede neue Auflage. Dieses Honorar glichen die Verleger nicht an die inflationsbedingte Geldentwertung an, so dass die Honorare der Autoren hinter der allgemeinen Preisentwicklung zurückblieben.[180] Durch die Zahlung der Vergütung in der entwerteten Mark und den sprunghaften Anstieg der Lebenshaltungskosten verschlechterte sich die ohnehin schon schlechte finanzielle Situation der Schriftsteller weiter.[181] Zeitgenössische Autoren erkannten, dass Verlagsverträge, die über alle Auflagen abgeschlossen wurden, für den Urheber wirtschaftlich „außergewöhnlich nachteilig" waren.[182] Das ursprünglich vereinbarte Honorar entspreche zwar der damaligen, nicht aber mehr der gegenwärtigen Sachlage.[183] Die „Veränderungen

---

176 *Fischer/ Füssel,* Geschichte des deutschen Buchhandels, S. 105; *Grieser,* Archiv für Geschichte des Buchwesens Bd. 51, 1999, S. 25.

177 *Deutscher Verlegerverein,* Deutsche Verlegerzeitung 1922, 30 (30).

178 *Siebeck,* Deutsche Verlegerzeitung 1920, 93 (93).

179 *Fischer/ Füssel,* Geschichte des deutschen Buchhandels, S. 105; *Knappenberger-Jans,* Verlagspolitik und Wissenschaft, S. 455.

180 *Fischer/ Füssel,* Geschichte des deutschen Buchhandels, S. 104 f.; *Knappenberger-Jans,* Verlagspolitik und Wissenschaft, S. 455 ff., 477; *Grieser,* Archiv für Geschichte des Buchwesens Bd. 51, 1999, S. 149.

181 *Fischer/ Füssel,* Geschichte des deutschen Buchhandels, S. 103.

182 *Teichmann,* Reformvorschläge, in: *Sinzheimer*: Die geistigen Arbeiter, Schriften des Vereins für Sozialpolitik, NF, Bd. 152, S. 316.

183 *Allfeld,* Geschichte Urheber- und Verlagsrecht, in: *Sinzheimer*: Die geistigen Arbeiter, Schriften des Vereins für Sozialpolitik, NF, Bd. 152, S. 242.

der wirtschaftlichen Verhältnisse haben der Vereinbarung die Festigkeit genommen", so dass die Honorarvereinbarungen obsolet geworden seien.[184] In diesen Fällen erfordere es die „Billigkeit", dass die Beteiligung des Urhebers an dem tatsächlichen Gewinn des Verlegers festgemacht und an die Geldentwertung angepasst werden sollte.[185] Um ihre finanziellen Interessen besser durchsetzen zu können, schlossen sich die Autoren während der Inflationsjahre verstärkt den neu gegründeten Autoreninteressenverbänden an, die sich als Verhandlungspartner von Börsen- und Verlegerverein sahen.[186] *Osterrieth* warnte vor dem Ungleichgewicht zwischen Autoren und Verlegern: „Auf der einen Seite der Urheber mit seinen wirtschaftlichen und persönlichen Interessen, die regelmäßig auf eine weite, würdige Verbreitung des Werkes gerichtet sind, auf der anderen Seite der Verleger, für den der Verlag ein geschäftliches Unternehmen ist."[187] Der wirtschaftliche Notstand verschärfe somit das Verhältnis von Urhebern und Verlegern. Einerseits müsse das geistige Schaffen dem Broterwerb dienen und der Verleger dürfe den Urheber nicht als „Ausbeutungsgegenstand"[188] betrachten. Andererseits befinde sich das Verlagsgewerbe in geschäftlicher Gefährdung, da sich die Geldmaßstäbe verändert und die Kosten für die Verleger vervielfacht hätten.[189] Auf Seiten der Verleger bestand Unsicherheit, ob und inwiefern der Autor infolge der veränderten wirtschaftlichen Verhältnisse ein Recht auf Erhöhung des Honorars hatte, welchem noch der frühere Geldwert zugrunde lag.[190]

184 *Elster,* Urheber- und Verlagsrecht, S. 112.

185 *Osterrieth,* Betrachtungen zur Reform des Urheberrecht und des Verlagsrechts, in: *Sinzheimer*: Die geistigen Arbeiter, Schriften des Vereins für Sozialpolitik, NF, Bd. 152, S. 267 f.; *Schulz,* Deutsche Verlagszeitung 1922, 130 (130 f.); *Lobe,* GRUR 1922, 93 (98).

186 *Knappenberger-Jans,* Verlagspolitik und Wissenschaft, S. 455.

187 *Osterrieth,* Betrachtungen zur Reform des Urheberrecht und des Verlagsrechts, in: *Sinzheimer*: Die geistigen Arbeiter, Schriften des Vereins für Sozialpolitik, NF, Bd. 152, S. 262.

188 *Osterrieth,* Betrachtungen zur Reform des Urheberrecht und des Verlagsrechts, in: *Sinzheimer*: Die geistigen Arbeiter, Schriften des Vereins für Sozialpolitik, NF, Bd. 152, S. 263.

189 *Osterrieth,* Betrachtungen zur Reform des Urheberrecht und des Verlagsrechts, in: *Sinzheimer*: Die geistigen Arbeiter, Schriften des Vereins für Sozialpolitik, NF, Bd. 152, S. 267 f.

190 Aus Unsicherheit, ob den Autoren ein Recht auf Erhöhung des Honorars zustand, schickten die Mitglieder des Deutschen Verlegervereins zahlreiche Fragen an die Deutsche Verlegerzeitung. Vgl. hierzu Deutsche Verlegerzeitung 1922, S. 28, 61, 80, 311, 369; Deutsche Verlegerzeitung 1923, S. 15, 22, 50.

Da das Urheberrecht für die unangemessene Beteiligung des Urhebers am Erlös seines Werkes und die Anpassung der veralteten Honorarvereinbarungen an die inflationsbedingte Geldentwertung keinen Lösungsansatz bot, versuchten die Autoren zunächst über § 21 S. 3 VerlG ihre Beteiligung am Gewinn oder Absatz geltend zu machen. Nach dieser Vorschrift durfte der Ladenpreis eines Werkes nur mit der Zustimmung des Verfassers erhöht werden. Der Gesetzgeber beabsichtigte mit der Norm, dem Autor eine vom Ladenpreis abhängige Vergütung zu sichern.[191] Als die Verleger jedoch inflationsbedingt ihre Ladenpreise erhöhen mussten, bestand Ungewissheit, ob die Autoren an der Erhöhung der Ladenpreise beteiligt werden mussten.[192] Freilich begründeten die Autoren ihr Recht aus § 21 S. 3 VerlG lange mit der wörtlichen Interpretation der Norm und drohten bei fehlender Beteiligung, ihre Zustimmung zur Erhöhung des Ladenpreises zu verweigern.[193] Demgegenüber wendeten Vertreter der Literatur ein, dass die Norm gerade nicht die Fälle der generellen Preiserhöhung und Teuerungszuschläge bei wirtschaftlichen Umwälzungen berücksichtigte.[194] Der Senatspräsident am Reichsgericht *Adolf Lobe* schlug deshalb eine Erweiterung des § 21 VerlG vor: „Zur Erhöhung des Ladenpreises, die lediglich zum Zwecke der fortschreitenden Geldentwertung zum Zwecke der Anpassung an den veränderten Geldwert erfolgen oder erfolgt sind, kann der Verfasser seine Zustimmung nicht versagen."[195] Auch *Willy Hoffmann* stand der Vorschrift kritisch gegenüber. Die Erhöhung des Ladenpreises solle in der Zeit der Inflation nicht von dem Mitbestimmungsrecht des Verfasser abhängig gemacht werden, da allein der Verleger das gesamte finanzielle Risiko trage.[196] Nach *Alexander Elster* (1923) dürfe der Autor die Zustimmung nicht versagen, wenn es um eine Erhöhung des Ladenpreises in Folge der fortschreitenden Geldentwertung zum Zwecke der Anpassung an den geänderten Geldwert ginge, sondern nur bei wirklichen Preiserhöhungen des Buches.[197] Anderenfalls überspanne der Autor sein Zustimmungsrecht ohne in Kenntnis der wirtschaftlichen Zwangslage der

191 Reichstagsprotokolle 1900/03, 11, Aktenstück Nr. 97, S. 423.

192 *Grieser*, Archiv für Geschichte des Buchwesens Bd. 51, 1999, S. 149.

193 *Elster*, Urheber- und Verlagsrecht, S. 99.

194 *Elster*, Urheber- und Verlagsrecht, S. 98.

195 *Lobe*, GRUR 1922, 93 (100).

196 *Hoffmann*, Deutsche Verlegerzeitung 1922, 89 (90).

197 *Elster*, Urheber- und Verlagsrecht, S. 100; *Elster*, Deutsche Verlegerzeitung 1922, 269 (270).

Verleger zu sein.[198] Immerhin sei „der Risikogedanke des Verlags […] hier das Gegenstück zu dem Entschädigungsgedanken des Autors".[199]

In der Rechtsprechung des Reichsgerichts setzte sich die Auffassung durch, dass der Verleger ohne Zustimmung des Verfassers den Ladenpreis eines Werkes erhöhen könnte, sofern es sich bei der Preiserhöhung um einen Ausgleich für die Geldentwertung handelte.[200] Auf Grund des Währungsverfalls sehe sich der Verleger nämlich mit außerordentlichen wirtschaftlichen Zuständen konfrontiert, die unvorhersehbar und völlig andere waren, als sie bei der Regelung des § 21 S. 3 VerlG vorausgesetzt würden. Durch die Preiserhöhung reagiere der Verleger nur auf die veränderten wirtschaftlichen Verhältnisse, die in den Jahren 1922 und 1923 herrschten. Erhöhe der Verleger ohne Zustimmung des Verfassers den Ladenpreis, füge er dem Verfasser weder in „geldlicher noch in sittlicher Hinsicht einen erheblichen Nachteil" zu.[201]

Im Ergebnis gelang es den Autoren nicht, über § 21 S. 3 VerlG eine Beteiligung am Gewinn oder Absatz der Bücherverkäufe geltend zu machen. Aus diesem Grund versuchten Literatur und Rechtsprechung, die vor dem Ersten Weltkrieg und der Inflation abgeschlossenen Verlagsverträge über das allgemeine Zivilrecht zu korrigieren.

II. Vertragsauslegung und Vertragsanpassung als Instrumente der zivilrechtlichen Vertragskorrektur

Um das notwenige Vertrauensverhältnis zwischen Verfassern und Verlegern nicht zu gefährden, riet *Adolf Lobe* bei der Auslegung der Verlagsverträge nicht allein diejenigen Vorschriften anzuwenden, die für die Verleger vorteilhaft und damit für den Verfasser nachteilhaft seien. Vielmehr müsse auf eine beiderseitige Wahrung der Interessen geachtet werden.[202] Einer solchen Vertragsauslegung stimmte *Osterrieth* zu, zumal ein Ausgleich zwischen den gestiegenen Preisen und dem Honorar der Autoren nicht durch gesetzliche Vorschriften herbeizuführen sei. Vielmehr müsse bei der Auslegung der Verträge „immer die beiderseitige Absicht einer im Verhältnis zum Absatz und Verdienst angemessenen

198 *Elster*, Deutsche Verlegerzeitung 1922, 269 (270).
199 *Elster*, Deutsche Verlegerzeitung 1922, 269 (272).
200 RG 16.03.1925 – I 285/24 – RGZ 110, 275 (282 f.).
201 RG 16.03.1925 – I 285/24 – RGZ 110, 275 (282 f.).
202 *Lobe*, GRUR 1922, 93 (94).

Vergütung" berücksichtigt werden.[203] „Verträge, die in normalen Zeiten geschlossen wurden, müssen in Zeiten der Not so ausgelegt werden, wie die Parteien in Voraussicht veränderter Verhältnisse billigerweise verfügt hätten"[204], so *Osterrieth* weiter. Da bei Abschluss des Verlagsvertrages die Parteien nicht an unvorhersehbare Ereignisse wie den Weltkrieg, die daraus resultierende vollständige Umwälzung des gesamten Wirtschaftslebens und die Erhöhung des Einheitspreises gedacht hatten, müsste die dahingehende vertragliche Lücke vom Richter ergänzt werden. Die Verträge sollten nach §§ 157, 242 BGB so ausgelegt werden, wie „redliche und verständige Parteien bei Vertragsschluss bestimmt haben würden, wenn sie das spätere Ergebnis in den Kreis ihrer Betrachtungen gezogen hätten".[205] Die Vertreter der Literatur strebten also an, die Verlagsverträge ergänzend auszulegen, um den Autoren ein an die veränderten Umstände angepasstes Honorar zu sichern. Bei der Auslegung der Verlagsverträge musste damit der hypothetische Wille der Parteien ermittelt werden, den diese verfolgt hätten, sofern ihnen die inflationsbedingte Geldentwertung und die außerordentlichen wirtschaftlichen Umstände bei Vertragsabschluss bekannt gewesen wären.

Ein Teil der Literatur regte an, bestehende Verlagsverträge, die über mehrere Auflagen und mit einer pauschalen Honorarvergütung abgeschlossen worden waren, nach der *clausula rebus sic stantibus* anzupassen oder gar aufzulösen.[206] Anwendung sollte die *clausula rebus sic stantibis* immer dann finden, wenn Veränderungen des Vertragsverhältnisses von den Parteien nicht vorausgesehen werden konnten und nicht vorhersehbar waren,[207] da der Krieg und die Inflation völlig unvorhersehbare Änderungen der wirtschaftlichen Verhältnisse mit sich brachten. Infolgedessen sei der Inhalt der Verlagsverträge ein völlig

---

203 *Osterrieth,* Betrachtungen zur Reform des Urheberrecht und des Verlagsrechts, in: *Sinzheimer*: Die geistigen Arbeiter, Schriften des Vereins für Sozialpolitik, NF, Bd. 152, S. 268.

204 *Osterrieth,* Betrachtungen zur Reform des Urheberrecht und des Verlagsrechts, in: *Sinzheimer*: Die geistigen Arbeiter, Schriften des Vereins für Sozialpolitik, NF, Bd. 152, S. 265.

205 *Staudinger* (1922), Gesamtnachtrag, Vorbemerkung § 305 Rn. 223.

206 *Staudinger* (1922), Gesamtnachtrag, Vorbemerkung vor § 305 Rn. 223; *Elster,* Deutsche Verlegerzeitung 1922, 315 (318); *Teichmann,* Die Lage der freien Schriftsteller, in: *Sinzheimer:* Die geistigen Arbeiter, Schriften des Vereins für Sozialpolitik, NF, Bd. 152, S. 89; *Allfeld,* Geschichte Urheber- und Verlagsrecht, in: *Sinzheimer*: Die geistigen Arbeiter, Schriften des Vereins für Sozialpolitik, NF, Bd. 152, S. 242; *Hoffmann,* Deutsche Verlegerzeitung 1922, 33 (33); *Hillig,* Deutsche Verlegerzeitung 1922, 28 (28).

207 *Staudinger* (1922), Gesamtnachtrag, Vorbemerkung vor § 305 Rn. 223.

anderer geworden.[208] Trotz der inflationsbedingten Entwertung des Geldes und der damit einhergehenden Missverhältnisse aus dem Verlagsvertrag, bestand weiterhin der Grundsatz *pacta sunt servanda*, der die Vertragsparteien zur Vertragstreue nach §§ 157, 242 BGB ermahnte. Im Interesse der Rechtssicherheit sollten die Verträge deshalb grundsätzlich erhalten bleiben.[209] Eine richterliche Vertragsanpassung müsse mit „Taktgefühl des Richters" erfolgen, da keine der beiden Parteien den Schaden ohne ihr Verschulden tragen solle.[210] An die Stelle des unangemessenen Honorars müsse unter Hinzuziehung der *clausula rebus sic stantibus* ein angemessenes Honorar treten, denn nur so könnten „die sich aus langfristigen Verlagsverträgen ergebenden Missverhältnisse" beseitigt werden.[211] Um den Grundsatz *pacta sunt servanda* zu wahren, schlug *Elster* vor, dem Vertragsteil, der sich auf die veränderten Verhältnisse stützte, eine angemessene Erhöhung der ihm zustehenden Leistung anzubieten, bevor er sich auf die Auflösung des Vertrages berufen könnte.[212] Nach *Hillig* gebe die „völlige Umgestaltung der Verhältnisse und die Entwertung des Geldes" dem Verfasser nicht das Recht, den Vertrag als aufgelöst anzusehen.[213] Eine Loslösung vom Vertrag komme nur dann in Betracht, wenn dem Verfasser auf Grund der wirtschaftlichen Verhältnisse und der Geldentwertung ein Festhalten am Vertrag nicht mehr zugemutet werden könne, zumal die Vertragstreue nicht grundlos geopfert werden dürfe.[214]

Nur zögerlich billigte das Reichsgericht bei inflationsbedingten Preisanstiegen und damit einhergehenden vertraglichen Missverhältnissen in die Loslösung des Vertrages ein. Im Interesse der Rechtssicherheit müssten Verträge grundsätzlich aufrechterhalten werden. Sofern eine Leistung aber nach dem Krieg und durch den inflationsbedingten Preisanstieg „wirtschaftlich eine völlig andere geworden" sei, so dass die Vertragsleistung dauerhaft unmöglich würden, könne das Vertragsverhältnis nach §§ 275, 325 BGB aufgelöst werden.[215] Diese wirtschaftliche Unmöglichkeit falle ebenso wie die tatsächliche unter den

---

208 *Hillig,* Deutsche Verlegerzeitung 1922, 80 (80).

209 *Staudinger* (1922), Gesamtnachtrag, Vorbemerkung vor § 305 Rn. 223.

210 *Staudinger* (1922), Gesamtnachtrag, Vorbemerkung vor § 305 Rn. 223.

211 *Teichmann,* Die Lage der freien Schriftsteller, in: *Sinzheimer:* Die geistigen Arbeiter, Schriften des Vereins für Sozialpolitik, NF, Bd. 152, S. 89.

212 *Elster,* Deutsche Verlegerzeitung 1923, 50 (50).

213 *Hillig,* Deutsche Verlegerzeitung 1922, 28 (28).

214 *Hillig,* Deutsche Verlegerzeitung 1922, 28 (28); *Ulmer,* Urheber- und Verlagsrecht, S. 360.

215 RG 22.01.1918 – II 304/17 – RGZ 92, 87 (88 f.); RG 15.10.1918 – III 104/18 – RGZ 94, 45 (47 ff., 50 f.).

§ 325 BGB, so dass „im Gesetz die *clausula rebus sic stantibus* insoweit unverhüllt zutage" trete.[216] Das Reichsgericht löste Verträge jedoch nur kurz über die wirtschaftliche Unmöglichkeit auf. Interessengerechter sei vielmehr eine Betrachtung der Fälle nach Treu und Glauben mit Rücksicht auf die Verkehrssitte.[217] Der Schuldner sei von seiner Leistungspflicht freizusprechen, weil eine Leistungspflicht dann nicht mehr bestehe, „wenn die Erfüllung unter Umständen stattzufinden hätte, die dem, was die Beteiligten vernünftigerweise beabsichtigt hätten, so wenig mehr entspricht, daß der Erfüllungszwang mit der durch §§ 157, 242 BGB gebotenen Rücksichtnahme aus Treu und Glauben und auf die Verkehrssitte unvereinbar wäre".[218]

Zwar konnten die Autoren nun durch die *clausula rebus sic stantibus* den sie benachteiligenden Vertrag auflösen, ihr eigentliches Anliegen nach einer angemessenen Beteiligung am Erlös ihrer Werke konnte damit jedoch nicht erreicht werden. Die Schriftsteller verblieben bei Auflösung des Vertrages also weiterhin ohne finanzielle Absicherung, so dass eine Vertragsanpassung auch vor dem Hintergrund der Vertragstreue interessengerechter erschien.

III. Zwischenergebnis

Die vorstehenden Ausführungen lassen erkennen, dass Literatur und Rechtsprechung zahlreiche Versuche unternahmen, den Autoren trotz der inflationsbedingten Geldentwertung ein angemessenes Honorar zu sichern. Zunächst versuchten die Autoren über § 21 S. 3 VerlG ihre Beteiligung am Gewinn oder Absatz geltend zu machen. Während die Autoren auf ihr Mitbestimmungsrecht zur Erhöhung des Ladenpreises aus § 21 S. 3 VerlG bestanden, schloss das Reichsgericht das Mitbestimmungsrecht allerdings für solche Fälle aus, in denen es sich bei der Preiserhöhung um einen Ausgleich für die Geldentwertung handelte. Da diese Lösung für die Schriftsteller jedoch zu unbefriedigenden Ergebnissen führte, versuchte man die Verlagsverträge über das allgemeine Zivilrecht zu korrigieren.

Um den Schriftstellern ein an die veränderten Umstände angepasstes Honorar zu sichern, schlug die Literatur zum einen die „ergänzende Vertragsauslegung"

216 RG 21.09.1920 – III 143/20 – RGZ 100, 129 (131).

217 RG 29.11.1921 – II 247/21 – RGZ 103, 177 (178).

218 RG 22.10.1918 – II 187/18 – RGZ 94, 68 (69). Auf §§ 157, 242 BGB verweisen weitere Urteile RG 19.05.1920 – I 229/19 – RGZ 99, 115 (116); RG 08.07.1920 – III 89/20 – RGZ 99, 258 (259); RG 21.09.1920 – III 143/20 – RGZ 100, 129 (131); RG 06.01.1923 – V 246/22 – RGZ 106, 7; RG 14.03.1923 – I 367/22 – RGZ 106, 362 (368).

vor. In diesem Zusammenhang müsse der hypothetische Wille ermittelt werden, den die Autoren und Verleger verfolgt hätten, sofern ihnen die inflationsbedingte Geldentwertung und die außerordentlichen wirtschaftlichen Umstände bei Vertragsabschluss bekannt gewesen wären. Zum anderen unternahmen Literatur und Rechtsprechung den Versuch, Verträge über die *clausula rebus sic stantibus* anzupassen oder gar aufzulösen. Von diesem Instrument wurde allerdings nur zögerlich Gebrauch gemacht, da im Interesse der Rechtssicherheit Verträge grundsätzlich aufrecht zu erhalten waren. Zudem konnten die Schriftsteller ihr Ziel der angemessenen Honorarzahlung durch Auflösung des Vertrages nicht erreichen. Trotz zahlreicher Versuche, den Schriftstellern über § 21 S. 3 VerlG oder die allgemeinen Vorschriften des Zivilrechts eine angemessene Beteiligung an den Erträgen ihrer Werke zu sichern, konnte keine Lösung gefunden werden, die den Interessen der Autoren und der Verleger gerecht wurde.

F. Die Lehre von der Zweckübertragung im Urheberrecht

Im Anschluss an eine ausführliche Darstellung der Lehre *Goldbaums* von der Zweckübertragung des Urheberrechts (I.), wird im Folgenden zum einen der Frage nachgegangen, ob *Goldbaum* durch die Zurückbehaltung der Nutzungsrechte die finanzielle Absicherung der Urheber bezwecken wollte (II.). Zum anderen ist Untersuchungsgegenstand, ob und inwiefern die Anerkennung des Urheberpersönlichkeitsrechts die Grundlage der Zweckübertragungslehre bildet (III.).

I. Lehre von der Zweckübertragung des Urheberrechts bei *Wenzel Goldbaum*

Die Grundlage der Zweckübertragungslehre bildet die Annahme *Wenzel Goldbaums* (1922), dass „die Urheberverträge in der Regel das Gemeinsame [haben], dass ihnen allen die beschränkte Übertragung des Rechts des Urhebers im Sinne des § 8 Abs. 3 [LUG] zugrunde liegt". Folglich habe diese Übertragung den besonderen Charakter der „Zweckübertragung".[219] Die Parteien des Urheberrechtsvertrages verfolgten – der Urheber durch die Übertragung von Nutzungsrechten und der Erwerber durch die Übernahme der Werkverwertung – denselben Zweck, nämlich die Verwertung des Urheberrechts durch die Veröffentlichung des Werkes. Für die Beurteilung, welche Rechte an den Erwerber übergehen sollten, sei vor allem der Zweck der Übertragung, also die Verpflichtungen, die

219 *Goldbaum*, Urheber- und Urhebervertragsrecht, S. 47.

der Erwerber mit der Übertragung eingegangen sei, ausschlaggebend:[220] „Der Unternehmer, der ein Werk erwirbt, [erwirbt] soviele Rechte, als er zur Erfüllung seiner Zwecke braucht“[221], denn nur so weit reiche der Übertragungswille des Urhebers. Dementsprechend sei nur in diesem Umfang ein Rechtsgeschäft zustande gekommen, darüber hinaus nicht.[222]

Diese von *Goldbaum* bezeichnete „Formel“, ordnete er selbst als „Auslegungsregel“[223] ein: „Die Theorie leistet Auslegungsdienste und nicht mehr.“[224] *Goldbaum* untermauerte seine Auslegungsregel mit einem Beispiel: Ein Verleger, der sich alle Verfügungsrechte übertragen lasse, aber keine Möglichkeiten der Dramatisierung des Werkes habe, habe weder das Verfilmungsrecht noch das Recht zur Dramatisierung an dem Werk erworben.[225] Sofern der Verleger allerdings behaupteten würde, dass ihm das Verfilmungsrecht zustehe, müsse er dies auch beweisen können.[226] Der Urheber solle lediglich mit solchen Nutzungen seines Werkes rechnen müssen, die sein Vertragspartner tatsächlich vornehmen könne.[227] Aus diesem Grund solle dem Erwerber das Urheberrecht nur in einem solchem Umfang übertragen werden, wie es für die Erfüllung des Vertragszwecks erforderlich sei.[228] Zukünftige Befugnisse der Werknutzung, also solche Formen der Werknutzung, die bei Vertragsabschluss noch nicht bestanden, sollten allein dann auf den Erwerber übergehen, wenn dies der übereinstimmende Wille der Parteien vorsah. Anderenfalls blieben die Befugnisse beim Urheber zurück, da dieser zumeist selbst ein Interesse an der Ausführung und Veräußerung der Befugnisse habe.[229]

Weiterhin trug *Goldbaum* vor, dass die Zweckübertragung zwei Seiten habe: Zum einen verpflichte die Übertragung urheberrechtlicher Befugnisse den Erwerber der Urheberrechte zur Ausübung der ihm übertragenen Befugnisse. So werde beispielsweise dem Verleger die Verpflichtung auferlegt, das Werk zu veröffentlichen. Zum anderen sei es möglich, aus dem Zweck der Verwertung des Werkes auf den Umfang der übertragenen Nutzungsbefugnisse zu schließen.[230]

---

220 *Goldbaum*, Urheber- und Urhebervertragsrecht, S. 168.
221 *Goldbaum*, GRUR 1923, 182 (183).
222 *Goldbaum*, GRUR 1923, 182 (183).
223 *Goldbaum*, GRUR 1923, 182 (182).
224 *Goldbaum*, GRUR 1923, 182 (183).
225 *Goldbaum*, Urheber- und Urhebervertragsrecht, S. 168.
226 *Goldbaum*, GRUR 1923, 182 (183).
227 *Schweyer*, Die Zweckübertragungslehre im Urheberrecht, S. 8
228 *Goldbaum*, GRUR 1923, 182 (183); *ders.*, Urheber- und Urhebervertragsrecht, S. 168 f.
229 *Goldbaum*, Urheber- und Urhebervertragsrecht, S. 169.
230 *Goldbaum*, GRUR 1923, 182 (183).

Nach *Goldbaums* Vorstellung über die Zweckübertragung sollten die Urheber nur diejenigen Rechte an den Erwerber übertragen, die beiden Parteien bei Vertragsabschluss schon bekannt waren. Bei Vertragsabschluss noch unbekannte Rechte sollten nicht Teil der Rechteeinräumung sein, sondern beim Urheber zurückbleiben. Demnach richtete sich der Umfang der Rechtsübertragung nicht nur nach dem Willen der Parteien, sondern auch nach den objektiv feststehenden technischen Möglichkeiten der Verwertung des Werkes, die zum Zeitpunkt des Vertragsabschlusses bestanden. Schlossen die Parteien beispielsweise im Jahr 1884 einen Vertrag über die Übertragung des gesamten Urheberrechts an einem Roman ab, war beiden Parteien die Verwertungsart der Verfilmung weder bekannt noch mit den bestehenden technischen Möglichkeiten zugänglich, da der Film erst Jahre später allgemein bekannt wurde. Bei Auslegung des Vertrages nach seinem Zweck umfasste das „gesamte Urheberrecht" also gerade nicht das Verfilmungsrecht. Zudem argumentierte *Goldbaum*, könne das Verfilmungsrecht schon deshalb nicht zum Vertragsinhalt geworden sein, da dieses erst durch die Novelle des LUG von 1910 zu einer urheberrechtlichen Befugnis wurde. Dementsprechend könne das Verfilmungsrecht „nach dem Satz nemo plus iuris transferre potest quam ipse habet nicht [...] vom Urheber auf den Erwerber übertragen werden".[231] Sofern also ein Vertrag über die vollumfängliche Rechtseinräumung vor dem Jahre 1910 abgeschlossen wurde, konnte dieser nach *Goldbaums* Auffassung schon gar nicht das Verfilmungsrecht umfassen, da der Urheber kein Recht übertragen könne, das er selbst nicht habe.

Obwohl *Allfeld* bereits im Jahre 1908 eine inhaltliche Verknüpfung zwischen dem Umfang der Rechtsübertragung und dem ihm zugrunde liegenden vertraglichen Zweck herstellte,[232] schreibt der weit überwiegende Teil der Literatur *Goldbaum* den Verdienst der Beschränkung der Rechtsübertragung auf den Zweck des Vertrages zu. Auch die Ausführungen *Osterrieths* aus dem Jahre 1922 bleiben von der Literatur unerwähnt.[233]

Möglicher Grund für die größere Anerkennung *Goldbaums* mag sein, dass in den 1920er Jahren die technischen Möglichkeiten der Verwertung eines urheberrechtlichen Werkes noch weiter fortgeschritten waren, als bei Erscheinen von *Allfelds* Kommentar zum Urheberrecht im Jahre 1908. Die verschiedenartigen

231 *Goldbaum*, Urheber- und Urhebervertragsrecht, 2. Aufl. (1927), S. 165.

232 Hierzu ausführlich Kapitel 1 A. IV.

233 Statt vieler *Ohly*, in: Schricker/ Loewenheim, UrhG, § 31 Rn. 54; *Schack*, Urheber- und Urhebervertragsrecht, Rn. 615; *Schweyer*, Die Zweckübertragungstheorie im Urheberrecht, S. 1 ff.

neuen Verwertungskanäle führten in allen Bereichen der schöpferisch Tätigen zu Konflikten über die Zuordnung von urheberrechtlichen Nutzungsrechten, so dass die Zweckübertragungslehre auf breites Interesse stieß.[234] Insbesondere in der Filmbranche spitzte sich der Streit zwischen Urhebern und Filmproduzenten zu. Grund dafür war der „Stoffhunger“[235] der stetig wachsenden Filmindustrie, die zunächst ohne Genehmigung der Urheber deren Romane und Theaterstücke nutzten. Stattdessen schlossen die Filmautoren mit den Verlagen, die Jahre zuvor von den Urhebern das Urheberrecht an deren Werken erlangt hatten, Verträge über die Rechte an den Romanen oder Theaterstücken ab. Da die Urheber den Verlegern einst das vollständige Urheberrecht an ihren Werken übertragen hatten, fühlten sie sich als Inhaber der Verfilmungsrechte und beteiligten die Urheber nicht an der gewinnbringenden Veräußerung der Verfilmungsrechte.[236] *Goldbaums* Zweckübertragungslehre versprach zu diesem Zeitpunkt Abhilfe bei dem Streit über den Umfang der Rechtsübertragung und der Zuordnung der urheberrechtlichen Nutzungsrechte.

Die Gründe für *Osterrieths* fehlende Anerkennung mögen darin liegen, dass *Osterrieth* nur auf das Problem der zu umfangreichen Rechtsübertragung aufmerksam machte, jedoch keinen Lösungsansatz hierfür bot. In welcher Form der Vertragszweck zu berücksichtigen sei, blieb also ungeklärt. Demgegenüber stellte die Auslegung des Vertrages nach seinem Zweck im Sinne der Zweckübertragungslehre ein taugliches Rechtsinstrument dar, um eine restriktive Rechtseinräumung herbeizuführen.

Die Möglichkeit, den Vertrag nach dem Zweck der Übertragung auszulegen, bezeichnete *Goldbaum* zunächst als „Lehre von der Zweckübertragung des Urheberrechts“[237] und ab der dritten Ausgabe (1961) seines Kommentars zum Urheber- und Urhebervertragsrecht als „Zweckübertragungstheorie“.[238]

II. Finanzielle Absicherung der Urheber durch Zurückbehaltung der Nutzungsrechte

Neben seinem Lehrbuch zum Urheber- und Urhebervertragsrecht veröffentlichte *Goldbaum* eine große Zahl weiterer Monographien im Bereich des

---

234 Zur Entstehung neuer Verwertungsmöglichkeiten Anfang des 20. Jahrhunderts umfassend Kapitel 1 A. III.

235 *Goldbaum*, GRUR 1923, 182 (182).

236 *Goldbaum*, GRUR 1923, 182 (182).

237 *Goldbaum*, GRUR 1923, 182 (183).

238 *Goldbaum*, Urheber- und Urhebervertragsrecht, 3. Aufl., S. 154.

Theater- und Filmrechts, die sich mit der Ausgestaltung und dem Inhalt von Verträgen beschäftigten.[239] Im Jahre 1920 beschrieb *Goldbaum* die Missstände der deutschen Urheber: „Der Zustand der geistigen Arbeit zeigt deutlich die Merkmale der Verelendung derer, die sie zu leisten haben“[240]. Der Urheber könne nicht nur während der Erstellungszeit des Werkes, sondern auch danach kaum seinen Lebensunterhalt bestreiten, um sich und seine Familie abzusichern.[241] Einzig durch die Veröffentlichung eines Werkes könne „der Verfasser zu dem Lohn kommen, und auf diesen ist die schwer gedrückte Schicht der geistigen Arbeiter heute mehr denn je angewiesen“.[242] Erschwert werde die schlechte finanzielle Situation der Urheber durch die „industrielle Mechanisierung der geistigen Werke“, welche eine Folge der Erfindung der Grammophonplatte, des Films, des Radios und der selbständigen Musikinstrumente sei.[243]

Zurückzuführen seien diese Missstände zum einen auf den Krieg, während dessen man sich zu sehr auf die Handarbeit und weniger auf die geistige Arbeit konzentriert habe.[244] Zum anderen sei der Gesetzgeber „am Urheberrecht achtlos vorbeigegangen“, weshalb nun die Rechtswissenschaft „den neuen Problemen auf diesem Gebiet gerecht“ werden müsse.[245]

Zur Beseitigung dieser Missstände schlug *Goldbaum* vor, dass das Urheberrecht an einem Werk nicht nach einer bestimmten Zeit erlöschen solle, sondern dem Urheber ein *domaine public payant* gewährt werden müsse.[246] Dass die Einführung eines *domaine public payant* (Urhebernachfolgevergütung) zu einer Verbesserung der Zustände für die Urheber führen würde, machte *Goldbaum* an Ländern wie Italien, England und Frankreich fest, in welchen keine Schutzfrist gelte und sich die Urheber durch eine nachfolgende Vergütung nicht

---

239 Hierzu zählen beispielsweise *Goldbaum,* Rechte und Pflichten des Schauspielers nach geltendem Recht. Zugleich ein Beitrag zum Reichstheatergesetz (1914); *ders.,* Theaterrecht (1914); *ders.,* Filmverlagsrecht an drehreifen Büchern (1927); *ders./ Jacoby,* Rechte und Pflichten der Bühnen- und Filmschauspieler (1922). Einen umfassenden Überblick über die Arbeiten von *Goldbaum* bietet *Wießner/ Apel,* Goldbaum, in: *ders./ Pahlow/ ders.,* Biographisches Handbuch, S. 119 ff.

240 *Goldbaum,* Die deutschen Urheber, S. 3.

241 *Goldbaum,* Die deutschen Urheber, S. 4.

242 *Goldbaum,* Urheber- und Urhebervertragsrecht, 2. Aufl. 1927, S. 75 f.

243 *Goldbaum,* in: *Nipperdey,* Kommentar Reichsverfassung, Art. 158, S. 377.

244 *Goldbaum,* Die deutschen Urheber, S. 4.

245 *Goldbaum,* GRUR 1923, 182 (182).

246 Zum Zeitpunkt des Erscheinens von *Goldbaums* Werk endete der Schutz des Urheberrecht dreißig Jahre nach dem Tod des Urhebers oder zehn Jahre nach der ersten Veröffentlichung des Werkes (§ 29 S. 1 LUG).

in finanzieller Not befänden.[247] Überdies müsse bei jeder Verwertung eines Werkes eine bestimmte Abgabe geleistet werden, aus welcher eine Einrichtung zu Gunsten lebender Urheber geschaffen werde.[248] Verbessert werden könne die Stellung des Urhebers zudem durch die Gewährung eines *droit de suite*, welches den Urheber an dem Weiterverkauf seiner Rechte beteilige.[249] Abschließend legte *Goldbaum* dar, dass sein „Organisationsplan" einen „sozialistischen Charakter" habe, was allerdings durch die Epoche bedingt sei und mahnt die „Handarbeiter" dazu an, „diesen Bestrebungen ihrer Brüder in der Arbeit, der geistigen Schöpfer, wohlgesinnt zu sein".[250]

Nicht nur in seinen Monographien, sondern auch in der Kommentierung zum Art. 158 WRV[251] verdeutlichte *Goldbaum* seinen Unmut über die unbefriedigende Situation der Urheber. Sinn und Zweck des Art. 158 Abs. 1 WRV sei demnach grundsätzlich „die Erhaltung und Förderung der wichtigen Kulturschicht der geistigen Arbeiter".[252] Die Norm sei dem „Schutz der Personen vorbehalten, die ‚geistige Arbeit' leisten".[253] Dieser Schutz komme lediglich „keimartig" in den urheberrechtlichen Vorschriften der §§ 9, 10 LUG und §§ 12, 13, 14 KUG zum Ausdruck.[254] Allerdings könne „der wirtschaftlich Schwache mit seinen Gütern wenig anfangen [...], wenn nicht ein hilfreicher Gesetzgeber und eine gut gerüstete Organisation ihn schützen".[255] *Goldbaum* legte damit die wirtschaftlichen und sozialpolitischen Gründe dar, die ihn zur Schöpfung der Zweckübertragungslehre bewegten. Da die Urheber nicht ausreichend an den Erlösen der Verwertung seines Werkes beteiligt wurden und diese dadurch nicht selten in finanzielle Notlage gerieten, befürwortete *Goldbaum* die Gewährung des *droit de suite*. Dieses sollte den Urhebern einen Erlös an der Weiterveräußerung ihrer Rechte sichern und sie vor wirtschaftlicher Ausbeutung ihrer Werke schützen. Durch seine eigene Tätigkeit als Schriftsteller und Verfasser von Bühnenwerken

---

247 *Goldbaum*, Die deutschen Urheber, S. 5 ff., 9.
248 *Goldbaum*, Die deutschen Urheber, S. 5.
249 *Goldbaum*, in: *Nipperdey*, Kommentar Reichsverfassung, Art. 158, S. 376.
250 *Goldbaum*, Die deutschen Urheber, S. 20.
251 Art. 158 Abs. 1 WRV: „Die geistige Arbeit, das Recht der Urheber, der Erfinder und der Künstler genießt den Schutz und die Fürsorge des Reichs."
252 *Goldbaum*, in: *Nipperdey*, Kommentar Reichsverfassung, Art. 158, S. 375.
253 *Goldbaum*, in: *Nipperdey*, Kommentar Reichsverfassung, Art. 158, S. 375.
254 *Goldbaum*, in: *Nipperdey*, Kommentar Reichsverfassung, Art. 158, S. 376.
255 *Goldbaum*, in: *Nipperdey*, Kommentar Reichsverfassung, Art. 158, S. 376.

kannte *Goldbaum* das Problem der unzureichenden Beteiligung an den Erlösen der Werke auch aus eigener Erfahrung.[256]

Legte man den Vertrag nach seinem Zweck aus, gingen nur diejenigen Rechte auf den Erwerber über, die dem Vertragszweck entsprachen und die der Erwerber tatsächlich für die vorgesehene Verwertung benötigte. Darüber hinausgehende Rechte blieben bei den Urhebern zurück. Neben den verbliebenen Rechten konnten die Urheber auch die erst nach Vertragsschluss entstandenen Nutzungsrechte gesondert veräußern und zusätzliche Einnahmen erzielen.

III. Bindung neu entstandener Nutzungsrechte an die Person des Urhebers

Neben dem vermögensrechtlichen Interesse des Urhebers an einer angemessenen Beteiligung an den Früchten der Verwertung seines Werkes, könnte das Bedürfnis des Urhebers nach der Aufrechterhaltung der engen persönlichen und geistigen Bindung zu seinem Werk den Kern der Zweckübertragungslehre bilden. In der modernen Urheberrechtsliteratur dient das Urheberpersönlichkeitsrecht dem Schutz der persönlichen Bindung des Urhebers zu seinem Werk.[257] Es stellt sich die Frage, ob und inwiefern auch bei *Goldbaum* dieser Gedanke der engen Bindung des Urhebers zu seinem Werk angelegt und prägend für die Schöpfung der Zweckübertragungslehre war.

Zunächst deutete die Kommentierung *Goldbaums* zum Art. 158 WRV auf persönlichkeitsrechtliche Einflüsse hin, die ihn zu der Schöpfung seiner Zweckübertragungslehre bewegten. In seiner Kommentierung stellte *Goldbaum* fest, dass die Urheberrechtsgesetze grundsätzlich mit der Maßgabe erlassen worden seien, den Urheber zu schützen. Dieser Schutz werde jedoch nicht konsequent durchgeführt, da die Gesetze mehrheitlich werkschützende Normen enthielten. Allerdings habe die Wissenschaft „zur Lösung zahlreicher praktischer Fragen den Versuch unternommen, diesen Spalt aufzufüllen: im Sinne eines

---

256 *Goldbaum* verfasste unter dem Pseudonym *Georg Wilhelm Müller* selbst einige dramatische Werke. Darüber hinaus wurde er als Syndikus mehrerer Verbände tätig. Die auf Initiative *Goldbaums* gegründeten Schiedsgerichte sollten insbesondere den Interessenausgleich zwischen den Urhebern und Verlegern verbessern und die urheberrechtlichen Konflikte außerhalb der staatlichen Gerichtsbarkeit lösen, *Wießner/ Apel*, Goldbaum, in: *ders./ Pahlow/ ders.*, Biographisches Handbuch, S. 120.

257 *Dietz/ Peukert*, in: Schricker/ Loewenheim, UrhG, Vor §§ 12 ff. Rn. 3 ff.; *Troller*, Urheberpersönlichkeitsrecht, S. 43; *Bullinger*, in: Wandtke/ Bullinger, UrhG, Vor §§ 12 ff. Rn. 1, 16; *Fromlowitz*, Das Urheberpersönlichkeitsrecht, S. 20, 108; *Müsse*, Urheberpersönlichkeitsrecht, S. 35; *Krüger-Nieland*, FS Hauß, S. 219.

entschiedenen Persönlichkeitsschutzes *Gierke*, dem *Kohler* mit der sogenannten Theorie des Immaterialgüterrechts begegnete".[258] Diese Aussagen zu *Gierke*, den *Goldbaum* zum Schutz der Persönlichkeit des Urhebers rezipiert, sind vor allem deshalb bemerkenswert, weil *Gierke* das Urheberrecht für unübertragbar erklärte.[259] Diese von *Gierke* geforderte Unübertragbarkeit des Urheberrechts stand im Gegensatz zu den Urhebergesetzen, die eine vollständige Übertragbarkeit des Urheberrechts zuließen.

Die Zweckübertragungslehre bildete einen Kompromiss zwischen der von *Gierke* geforderten Unübertragbarkeit des Urheberrechts und der bestehenden Gesetzeslage: Durch die Beschränkung des Umfangs der Rechtseinräumung auf den Vertragszweck, verlor der Urheber gerade nicht seine vollständigen Befugnisse an seinem Werk. Vielmehr konnte der Urheber frei über die ihm verbleibenden Rechte disponieren, die nicht vom Vertragszweck erfasst waren. Den von *Goldbaum* geforderten „entschiedenen Persönlichkeitsschutz" realisierte die Zweckübertragungslehre damit, dass der Urheber so wenige Rechte wie möglich aus seiner Persönlichkeitssphäre an den Erwerber übertrug und ihm weiterhin die Herrschaft über sein Werk zustand.

Unterstützung findet die Annahme, dass die Schöpfung der Zweckübertragungslehre durch die Anerkennung der persönlichkeitsrechtlichen Seite des Urheberrechts gefördert wurde, auch in *Goldbaums* Lehrbuch zum Urheber- und Urhebervertragsrecht: Neu entstehende urheberrechtliche Befugnisse an dem Werk, wie beispielsweise die Befugnis, ein Schriftwerk zum Zwecke der kinematographischen Wiedergabe zu nutzen (§ 14 Nr. 5 LUG), wuchsen nach *Goldbaums* Ansicht selbst nach Übertragung des Urheberrechts dem Urheber zu. Er begründete dies damit, dass das – in der heutigen Terminologie – Bearbeitungsrecht des Werkes „an der Person des Urhebers" hafte.[260] Die Dauer dieses Bearbeitungsrechts bestimme sich nach der Lebensdauer des Urhebers.[261]

Goldbaum ordnete somit das Recht, ein Werk in einer zuvor noch unbekannten Weise zu verwerten, „der Person des Urhebers" zu. Dementsprechend verband *Goldbaum* dieses Bearbeitungsrecht untrennbar mit dem Urheber. Durch die Anhaftung des Bearbeitungsrechts an der Person des Urhebers wird deutlich, dass der Urheber trotz Übertragung des Urheberrechts weiterhin die Herrschaft über die neu entstandenen urheberrechtlichen Befugnisse haben sollte. Zwar

---

258 *Goldbaum*, in: *Nipperdey*, Kommentar Reichsverfassung, Art. 158, S. 376.
259 Ausführlich zu den Persönlichkeitsrechten nach *Gareis* und *Gierke* Kapitel 1 A. II. 1.
260 *Goldbaum*, Urheber- und Urhebervertragsrecht, 2. Aufl. (1927), S. 165.
261 *Goldbaum*, Urheber- und Urhebervertragsrecht, 2. Aufl. (1927), S. 165.

nimmt *Goldbaum* hier nicht ausdrücklich Bezug auf die Lehre der Persönlichkeitsrechte, diese Befugnisse waren aber für *Goldbaum* Teil des unübertragbaren Persönlichkeitsrechts und sollten dem Urheber trotz der Übertragung des Urheberrechts weiterhin eine enge Bindung zu seinem Werk sichern.

Des Weiteren hielt *Goldbaum* fest, dass „der Gedanke der Zweckübertragung und des höchstpersönlichen Charakters der Urheberrechtsverträge in der Praxis gesiegt“[262] hätten. Zwar ließ *Goldbaum* offen, was mit dem „höchstpersönlichen Charakter“ der Urheberrechtsverträge gemeint sei. In seinen vorherigen Ausführungen stellte er aber fest, dass eine Weiterübertragung des Urheberrechts ohne die Zustimmung des Urhebers zu verneinen sei, außer der Verleger veräußere sein – insoweit explizit eingeräumtes – Verlagsrecht. Die Frage der Weiterübertragung des Urheberrechts sei mithin eng mit der Frage nach der Übertragbarkeit des Urheberrechts verbunden, welche von Teilen der Literatur[263] auf Grund des persönlichen Charakters des Urheberrechts abzulehnen sei.[264]

Goldbaum ging also davon aus, dass zwischen der Zweckübertragungslehre und der persönlichkeitsrechtlichen Seite des Urheberrechts eine Verbindung bestand. Die persönlichkeitsrechtliche Seite sollte nicht erst die Weiterübertragung des Urheberrechts ohne Zustimmung des Urhebers verhindern, sondern tangierte bereits die erstmalige Übertragung des Urheberrechts durch den Urheber. Diese Ausführungen erscheinen nachvollziehbar, zumal der Urheber schon durch die vollständige Übertragung des Urheberrechts die Herrschaft über sein Werk verlieren konnte und sich dadurch die Verbindung des Urhebers zu seinem Werk stark verringerte. Die Zweckübertragungslehre diente jedoch als Schutzfunktion dafür, dass der Persönlichkeit des Urhebers diejenigen Rechte anhafteten, die nicht vom Vertragszweck gedeckt und damit nicht Gegenstand der Rechtsübertragung waren.

G. Zusammenfassung

1. Nach dem Grundgedanken der Zweckübertragungslehre lag jeder Rechtsübertragung ein konkreter Zweck zugrunde, welcher den Umfang und Inhalt

---

262 *Goldbaum*, Urheber- und Urhebervertragsrecht, 2. Aufl. (1927), S. 74.

263 Hinsichtlich der Autoren vor 1870, die sich gegen die Übertragbarkeit des Urheberrechts aussprachen, führt *Goldbaum* Wächter, Gerber, Harum und Bluntschli an, ohne hierbei allerdings genaue Verweise vorzunehmen. Für die Zeit nach Erlass der ersten deutschen Urheberrechtsgesetze zitiert *Goldbaum Kohler*, Autorrecht, S. 283 ff.

264 *Goldbaum*, Urheber- und Urhebervertragsrecht, 2. Aufl. (1927), S. 74.

der übertragenen Rechte bestimmte. Diesen Zweck strebten beide Vertragsparteien bei Abschluss des Urheberrechtsvertrages an. Folglich erwarb der Erwerber nur so viele Rechte an einem Werk, als er zur Erfüllung des Vertragszwecks benötigte, denn nur so weit reichte auch der Übertragungswille des Urhebers. Darüber hinausgehende Rechte erfasste die Rechtseinräumung nicht. *Goldbaum* selbst bezeichnete die Zweckübertragungslehre als Auslegungsregel.

2. Der Zweckübertragungslehre wohnten sowohl vermögens- als auch persönlichkeitsrechtliche Aspekte inne. Indem *Goldbaum* durch die Zweckübertragungslehre die übergehenden Rechte auf den Vertragszweck beschränkte und dem Urheber umfassende Rechte an seinem Werk vorbehielt, war sein Ziel einerseits die finanzielle Absicherung des Urhebers und andererseits die Aufrechterhaltung der engen persönlichen Verbindung des Urhebers zu seinem Werk. *Goldbaums* Zweckübertragungslehre leistete Abhilfe bei dem jahrelang bestehenden Konflikt zwischen Urhebern und Verlegern über die Zuordnung der bei Vertragsabschluss noch unbekannten urheberrechtlichen Nutzungsmöglichkeiten. Auf diese Weise gewann sie innerhalb der Rechtsprechung[265] und der Literatur[266] zum Urheberrecht an Bedeutung.
3. Keine Beachtung wurde bislang *Allfeld* geschenkt, der schon 1908 eine inhaltliche Verknüpfung zwischen der Rechtsübertragung und dem ihr zugrunde liegenden vertraglichen Zweck herstellte. Zudem beschränkte auch *Osterrieth* den Umfang der Urheberrechtsübertragung auf den Vertragszweck. Erstaunlichen Weitblick erwies *Osterrieth* dadurch, dass er die wirtschaftlichen und persönlichen Interessen des Urhebers als gefährdet ansah, wenn der Urheber dem Erwerber Rechte einräumte, die vom Vertragszweck nicht gedeckt waren. Dass sich bereits vor *Goldbaum* Autoren mit dem Umfang der Rechtseinräumung beschäftigten erstaunt wenig, zumal das Urheberrecht nach den Vorschriften den LUG und KUG vollständig übertragbar war und die Urheber nicht angemessen an den Erträgen der Verwertung ihrer Werke beteiligt wurden. Auf Grund dieser Diskrepanz zwischen den gesetzlichen Vorschriften und den Bedürfnissen der Urheber sah sich die Literatur gezwungen, Schutzinstrumente zu Gunsten der Urheber zu entwickeln, um diese vor einer zu umfangreichen Aufgabe ihrer Rechte zu schützen.

265 Hierbei ist auf die Ausführungen in Kapitel 2 A. I. und B. I. zu verweisen.
266 Umfassend dargestellt in Kapitel 2 A. II. und B. II.

Kapitel 2: Die Rezeption der Zweckübertragungslehre

Goldbaums Zweckübertragungslehre lag der Gedanke zugrunde, dass vor allem der Zweck der Übertragung ausschlaggebend für die Beurteilung sei, welche Rechte an den Erwerber übergehen sollten. In dem Zweck der Übertragung finde sich die Verpflichtung wieder, die der Erwerber mit der Übertragung eingegangen sei.[267] Folglich erwerbe der Erwerber eines Werkes nur so viele Rechte, wie er zur Erfüllung seiner Zwecke brauche, denn nur so weit reiche der Übertragungswille des Urhebers. Lediglich in diesem Umfang sei das Rechtsgeschäft zustande gekommen.[268] Die folgenden Ausführungen werden darlegen, dass *Goldbaum* zwar das Fundament der Zweckübertragungslehre gelegt hat, Rechtsprechung und Literatur die Lehre aber bis zum Erlass des Urheberrechtsgesetzes im Jahre 1965 weiterentwickelten. Zudem war der Gedanke der Zweckübertragungslehre Bestandteil zahlreicher amtlicher und nicht amtlicher Gesetzentwürfe der 1920er und 1930er Jahre.

A. Die Rezeption der Zweckübertragungslehre in den 1920er und 1930er Jahren

Innerhalb der Rechtsprechung des Reichsgerichts stieß die Zweckübertragungslehre auf großen Anklang, so dass diese seit 1927 fester Bestandteil der Rechtsprechung war (I.). Dagegen rezipierte die zeitgenössische Literatur die Zweckübertragungslehre nur in wenigen Fällen. Insbesondere *Bruno Marwitz* und *Philipp Möhring* kritisierten die Lehre stark und erklärten diese für „nicht logisch“[269] (II.). Die im Jahre 1929 erschienen Gesetzesentwürfe des Urheberrechtsgesetzes von *Wenzel Goldbaum* und *Hans-Erich Wolff* sowie *Willy Hoffmann* nahmen die Zweckübertragungslehre in unterschiedlichen Ausführungen in ihre Entwürfe auf (III.).

267 *Goldbaum*, Urheber- und Urhebervertragsrecht, S. 168.
268 *Goldbaum*, GRUR 1923, 182 (183).
269 *Marwitz*, UFITA Bd. 1 (1928), 389 (401/ 405); *Marwitz/ Möhring*, Urheberrecht, S. 74.

I. Die Zweckübertragungslehre in der Rechtsprechung des Reichsgerichts

In den 1920er und 1930er Jahren wendete das Reichsgericht die Zweckübertragungslehre bei einer Vielzahl von Entscheidungen an, denen die Frage zugrunde lag, ob die um die Jahrhundertwende geschlossenen Verträge auch die neu entstandenen Verwertungsformen umfassten.[270] Gemeinsam war allen folgenden Entscheidungen, dass *Goldbaum* als Schöpfer der Idee, Rechte nur dem Vertragszweck entsprechend an den Erwerber zu übertragen, nicht genannt wird. Um den Rahmen dieser Arbeit zu wahren, werden folgend lediglich einige besonders herausragende Entscheidungen des Reichsgerichts dargestellt. Für eine ausführliche Übersicht kann im Übrigen auf die Arbeit von *Stefan Schweyer* verwiesen werden.[271]

Noch bevor das Reichsgericht die Zweckübertragungslehre in ihre Rechtsprechung aufnahm, zog das Kammergericht Berlin im Jahre 1922 den Vertragszweck bei der Auslegung des Vertrages heran.[272] Im Jahre 1915 vereinbarte ein Romanautor mit einem Verlag die Übertragung des unbeschränkten Urheberrechts an seinem Roman. In der Annahme, dass die Vereinbarung auch das Verfilmungsrecht einschließe, veräußerte der Verleger das Verfilmungsrecht an eine Filmgesellschaft weiter. Einer Weiterveräußerung widersprach allerdings der Urheber, da er dem Verleger lediglich das Recht zur Veröffentlichung des Romans eingeräumt habe, nicht aber das Verfilmungsrecht.[273] In seiner Entscheidung verneinte das Kammergericht den Übergang des Verfilmungsrechts auf den Verleger. Zum einen verbleibe dem Urheber schon aus der Vorschrift des § 14 Nr. 5 LUG das Verfilmungsrecht: „Wie § 14 LUG ausdrücklich bestimmt, bedeutet die Übertragung des Urheberrechts nicht die Übertragung gewisser Befugnisse, zu denen das Verfilmungsrecht gehört."[274] Zum anderen sei „der Zweck des Vertrages" in der Veröffentlichung des Werkes in Buchform und in der Zeitung vollständig erreicht. Da der Urheber dem Verleger nicht das allgemeine Bearbeitungsrecht eingeräumt habe, falle die Verfilmung nicht unter die eingeräumten Rechte am Werk.[275] Das Kammergericht stützte die Zurückbehaltung der Verfilmungsrechte in dieser Entscheidung primär auf § 14 Nr. 5

270 *McGuire*, Die Lizenz, S. 238.
271 *Schweyer*, Die Zweckübertragungstheorie im Urheberrecht, S. 18 ff.
272 KG Berlin 16.04.1922 – 10. U. 16585/21 – GRUR 1923, 140.
273 KG Berlin 16.04.1922 – 10. U. 16585/21 – GRUR 1923, 140 (140 f.).
274 KG Berlin 16.04.1922 – 10. U. 16585/21 – GRUR 1923, 140 (141).
275 KG Berlin 16.04.1922 – 10. U. 16585/21 – GRUR 1923, 140 (141).

LUG, der dem Urheber ausdrücklich das Verfilmungsrecht zuordnete. Begleitend schränkte es den Umfang der Rechtseinräumung durch den Zweck des Vertrages ein, der durch die Veröffentlichung des Werkes erreicht sei. Zwar wurde die Zweckübertragungslehre in diesem Fall nicht ausdrücklich angewendet. Das Kammergericht war sich aber bewusst, dass die Auslegung des Vertrages nach dessen Zweck zu einer Einschränkung der Rechtseinräumung führen konnte.

Erstmals griff das Reichsgericht im Jahre 1927 in der Entscheidung „Das Musikantenmädel“[276] bei der Auslegung des Urheberrechtsvertrages auf den Gedanken der Zweckübertragungslehre zurück. Die Verfasser des Text- und Regiebuches hatten im Februar 1910 „das Text- und Regiebuch zu der Operette ‚Das Musikantenmädel‘ [...] für alle Zeiten und mit allen gegenwärtigen und künftig daraus fließenden Rechten, auch den sämtlichen Übersetzungs- und Aufführungsrechten sowie dem Rechte des Bühnenvertriebs und der Aufführung für alle Länder“ an einen Musikverleger verkauft.[277] Dieser veräußerte das Verfilmungsrecht an der Operette in der Annahme an eine Filmgesellschaft weiter, von den Verfassern das Verfilmungsrecht erhalten zu haben. Allerdings widersprachen die Urheber einer solchen Rechtseinräumung.[278] Da das Verfilmungsrecht zum Zeitpunkt des Vertragsabschlusses noch nicht gesetzlich anerkannt war, konnte das Reichsgericht bei der Ermittlung des Vertragsumfangs nicht auf die Vorschrift des § 14 Nr. 5 LUG zurückgreifen,[279] so dass es den Vertrag ausgelegen musste. Eine weite Wortlautauslegung, wonach dem Musikverleger „alle damaligen und künftigen Urheberrechte, gleichviel welcher Art“ übertragen werden sollten, lehnte das Reichsgericht ab.[280] Obwohl das Verfilmungsrecht zur Zeit des Vertragsabschlusses bereits bekannt war, entspreche es „nach Zweck und Umständen des Vertrages über Text- und Regiebuch“ nicht dem Parteiwillen, „die Verfilmungsbefugnis in die übertragenen Urheberrechte einzubeziehen.“ Vielmehr habe der Musikverleger lediglich das Verlagsrecht erwerben wollen.[281] „Gerade der Zweck des Vertrages spreche im Gegenteil zuwider die Annahme, dass man Mitübertragung des Rechts zur Verfilmung gewollt habe“.[282] Eine selbständige Verwertung des Text- und Regiebuchs komme deshalb nicht

276 RG 29.10.1927 – I 76/2 – RGZ 118, 282 - Das Musikantenmädel.
277 RG 29.10.1927 – I 76/2 – RGZ 118, 282 (285) - Das Musikantenmädel.
278 RG 29.10.1927 – I 76/2 – RGZ 118, 282 (282) - Das Musikantenmädel.
279 RG 29.10.1927 – I 76/2 – RGZ 118, 282 (284 f.) - Das Musikantenmädel.
280 RG 29.10.1927 – I 76/2 – RGZ 118, 282 (285 f.) - Das Musikantenmädel.
281 RG 29.10.1927 – I 76/2 – RGZ 118, 282 (286) - Das Musikantenmädel.
282 RG 29.10.1927 – I 76/2 – RGZ 118, 282 (286) - Das Musikantenmädel.

in Betracht.[283] Im Zweifel sei also anzunehmen, dass die Befugnis zur Verfilmung beim Urheber verbleibe. Folglich könne der Musikverleger das Verfilmungsrecht nicht an Dritte weiterveräußern.[284] Die Entscheidung zeigt, dass das Reichsgericht auf Grund mangelnder gesetzlicher Vorschriften, den Urheberrechtsvertrag nach seinem Zweck auslegte. Zudem verknüpfte das Reichsgericht mit der Zweckübertragungslehre eine Zweifelsregelung, wonach bei fehlender vertraglicher Vereinbarung die Befugnisse im Zweifel beim Urheber verbleiben.

Der „Wilhelm Busch“[285] Entscheidung aus dem Jahre 1929 lag die Frage zugrunde, ob die Sendung eines Werkes durch Rundfunk Gegenstand der Rechtseinräumung war, wenn die Vertragsparteien zuvor eine unbeschränkte Übertragung des Urheberrechts vereinbart hatten. Die Revisionsinstanz sprach dem Verleger zunächst „sämtliche damals und später erwachsene wirtschaftliche Befugnisse“ zu, da die Vertragsparteien die Übertragung der „unbeschränkten dinglichen Urheberrechte“ festgehalten hatten.[286] Von dieser Auslegung des Vertrages nahm das Reichsgericht allerdings Abstand, da sie dem Vertragszweck, dem wahrscheinlichen Parteiwillen und der Billigkeit widerspreche. Maßgeblich sei, was die Beteiligten bei Abschluss des Rechtsgeschäfts „einhellig wollten und bezweckten“. Die Sendung durch Rundfunk sei eine neu entstandene Möglichkeit der Verwertung und für die Vertragsparteien eine „derart umwälzende Neuerung“, die „ein ganz neues Wirkungsfeld des geistigen Verkehrs erschließe“.[287] Sofern nicht ein anderes vereinbart sei, „umfasse [die Übertragung] deshalb nach dem Parteiwillen in der Regel nur das, was zur Zeit des Vertragsabschlusses der Erwerber nötig hatte, um die Aufgaben, die er sich gestellt, zu lösen, seinen Verpflichtungen zu genügen und die für das Vertragsziel[288] getroffenen oder vorgesehenen Einrichtungen planmäßig zu verwenden“.[289] Aus diesem Grund sei das Urheberrecht trotz der Vereinbarung der uneingeschränkten Übertragung nur in dem Umfang zu übertragen, „der nach den damaligen Umständen als anerkannter, gesetzlich geschützter Inbegriff nutzbarer Befugnisse für den Verkehr in Betracht kam“.[290] „Im Zweifel“ gehe nur die Befugnis auf den Erwerber

283 RG 29.10.1927 – I 76/2 – RGZ 118, 282 (286) - Das Musikantenmädel.
284 RG 29.10.1927 – I 76/2 – RGZ 118, 282 (288) - Das Musikantenmädel.
285 RG 16.02.1929 - I 320/28 - RGZ 123, 312 – Wilhelm Busch.
286 RG 16.02.1929 - I 320/28 - RGZ 123, 312 (316) – Wilhelm Busch.
287 RG 16.02.1929 - I 320/28 - RGZ 123, 312 (316 f.) – Wilhelm Busch.
288 Hier nimmt das Urteil zwar Bezug auf *Goldbaum*, jedoch nicht auf die Zweckübertragungslehre, sondern auf seine Kommentierung zu § 14 LUG.
289 RG 16.02.1929 - I 320/28 - RGZ 123, 312 (317 f.) – Wilhelm Busch.
290 RG 16.02.1929 - I 320/28 - RGZ 123, 312 (318) – Wilhelm Busch.

über, das Werk in der vom Verfasser gewählten Form zu nutzen.[291] Als *obiter dictum* fügte das Reichsgericht hinzu, dass der Urheber in jedem Fall ein „unveräußerliches Persönlichkeitsrecht" habe, welches unberührt bleibe, selbst wenn dem Erwerber das vollständige Urheberrecht eingeräumt würde. Damit erhalte der Erwerber lediglich die vermögensrechtlichen Bestandteile des Urheberrechts. „Dem persönlichkeitsrechtlichen Kern wächst an, was etwa nach dem Vertragsabschluss an vermögensrechtlichen Urheberbefugnissen durch gesetzliche Neuschöpfung in der Person des Veräußerers entsteht."[292]

Bekanntheit erlangte die „Wilhelm Busch" Entscheidung durch die zahlreichen Erkenntnisse über das Urhebervertragsrecht, welche ihr innewohnten.[293] *Erstens* wendete das Reichsgericht - wie bereits bei der Entscheidung „Musikantenmädel" - die Zweckübertragungslehre an, um den Umfang der Rechtseinräumung zu bestimmen, wenn erst nach Vertragsabschluss eine neue Verwertungsmöglichkeit des Werkes entstanden war. Zudem griff das Reichsgericht auf die Zweifelsregelung zurück, um dem Urheber Befugnisse an seinem Werk zuzusprechen. Hieran schließt sich die *zweite* Erkenntnis, wonach das Urheberrecht gerade keine unteilbare Einheit darstellte, sondern einen Inbegriff von Befugnissen umfasste.[294] Das Reichsgericht bestätigte damit, dass das Urheberrecht nicht nur als eine Einheit gesehen werden konnte, sondern aus einzelnen Nutzungsbefugnissen bestand. *Drittens* vollzog die Entscheidung letztlich die bei *Goldbaum* schon zugrunde gelegte Verbindung von Zweckübertragungslehre und Urheberpersönlichkeitsrecht.[295] In diesem Zusammenhang stellte das Reichsgericht fest, dass dem persönlichkeitsrechtlichen Kern diejenigen vermögensrechtlichen Urheberbefugnisse anwachsen, die erst nach Vertragsschluss durch gesetzliche Neuschöpfung in der Person des Urhebers entstünden. Gleiches gelte für Nutzungsmöglichkeiten, die - wie hier die Sendung durch Rundfunk - keine bloße Weiterbildung oder Abspaltung bisheriger Verwertungsarten, sondern ihrer Art und wirtschaftlichen Wirkung völlig neu seien.[296] Neue Nutzungsarten und deren urheberrechtliche Befugnisse verblieben damit beim Urheber und gingen nicht auf den Erwerber über. Das Urteil ordnete zudem neu entstandene

291 RG 16.02.1929 - I 320/28 - RGZ 123, 312 (319) – Wilhelm Busch.
292 RG 16.02.1929 - I 320/28 - RGZ 123, 312 (320) – Wilhelm Busch.
293 Zum Teil ähnlich auch *Schweyer*, Die Zweckübertragungstheorie im Urheberrecht, S. 23 f.
294 *Schweyer*, Die Zweckübertragungslehre im Urheberrecht, S. 23 f.; *Schmidt*, Verwertung von Musikrechten, S. 38.
295 RG 16.02.1929 – I 320/28 – RGZ 123, 312 (317) – Wilhelm Busch.
296 RG 16.02.1929 – I 320/28 – RGZ 123, 312 (320) – Wilhelm Busch.

Nutzungsrechte der Person des Urhebers zu, da diese Teil seiner Persönlichkeit waren. *Viertens* legte das Reichsgericht dar, dass sich die Auslegung des Vertrages nach dessen Zweck nicht „aus einer neuen unerprobten Lehre" ergebe. Vielmehr habe bereits das „Gemeine Recht" das Rechtsgeschäft „nach dem Willen der Beteiligten aus der Gesamtheit der Bestimmungen des Geschäfts und nach dessen erkennbaren Zielen" ausgelegt.[297] Hierbei verwies die Entscheidung auf die Vertreter der Pandektenwissenschaft, *Heinrich Dernburg* und *Ferdinand Regelsberger*.[298] Beide Autoren lehnten eine reine Wortlautauslegung des Vertrages ab.[299] Nach *Regelsberger* sei vielmehr der Geschäftswille der Parteien zu erforschen. Den Geschäftswillen erkenne man „aus dem ersichtlichen Parteizweck, aus den Umständen, unter denen die Erklärung zu Tage getreten ist, aus den vorausgehenden Handlungen, möglicherweise selbst aus einem nachträglichen Handeln".[300] Zudem finde die Auslegung „in der Übung des Verkehrs" einen besonders wichtigen Anhaltspunkt.[301] Der von *Regelsberger* dargelegte Zweck eines Vertrages konnte dann im Rahmen einer Vertragsauslegung berücksichtigt werden, wenn der Zweck Bestandteil des Geschäftswillens geworden war und bei den Vertragsverhandlungen zum Ausdruck kam. Demgegenüber lag der Zweckübertragungslehre von *Goldbaum* der Gedanke zugrunde, dass jeder Urheberrechtsübertragung ein bestimmter Zweck innewohne, ohne dass dieser ausdrücklich von den Parteien vereinbart worden war. Der Zweck ergebe sich daraus, dass die Parteien das urheberrechtliche Werk auf eine bestimmte wirtschaftliche Art nutzen wollten. Gleichermaßen konnten die Vertragsparteien mit der Urheberrechtsübertragung nur solche Nutzungsarten anstreben, die ihnen bei Vertragsschluss bereits bekannt waren. Dementsprechend lag jeder Urheberrechtsübertragung eine zweckentsprechende Beschränkung des Umfangs zugrunde.[302] Im Ergebnis mag zwar der Gedanke, einen Vertrags nach seinem Zweck auszulegen, dem gemeinen Recht entnommen sein, die spezielle Ausgestaltung der Zweckübertragungslehre und der konkrete Bezug auf das Urheberrecht gehen aber auf *Goldbaum* zurück.[303]

In der Entscheidung „Hampelmann" aus dem Jahre 1933 verdeutlichte das Reichsgericht, dass bei der Auslegung des Vertrages nach seinem Zweck auch

---

297 RG 16.02.1929 – I 320/28 – RGZ 123, 312 (317) – Wilhelm Busch.

298 *Dernburg*, Pandekten I, § 123, S. 291 f.; *Regelsberger*, Pandekten I, § 177 II, S. 642.

299 *Dernburg*, Pandekten I, § 123, S. 291 f.; *Regelsberger*, Pandekten I, § 177 II, S. 642.

300 *Regelsberger*, Pandekten I, § 177 II, S. 642.

301 *Regelsberger*, Pandekten I, § 177 II, S. 642.

302 So auch *Schweyer*, Die Zweckübertragungslehre im Urheberrecht, S. 6 f.

303 Ähnlich *Genthe*, Der Umfang der Zweckübertragungslehre, S. 8.

die Vergütung des Urhebers berücksichtigt werden müsse. Dem Urteil lag die Frage zugrunde, ob dem Erwerber auch die Befugnis, aus dem Stoff und der Musik der Operette einen Tonfilm (Tonbildfilm) herzustellen und zu verbreiten eingeräumt worden war.[304] Zwar habe es zur Zeit des Vertragsabschlusses im Jahre 1923 den Tonfilm schon als Erfindung gegeben, „er hatte sich aber noch nicht bis zur praktisch durchführbaren urheberrechtlichen Verwertungsart entwickelt".[305] Dies lege die Annahme nahe, dass die Vertragsparteien zum Zeitpunkt der vertraglichen Vereinbarung nicht den Übergang der Tonfilmrechte beabsichtigt hatten.[306] Das Reichsgericht wollte den Urheber grundsätzlich davor schützen, „dass er das ganze Urheberrecht in Unkenntnis der ihm innewohnenden nicht vorhersehbaren künftigen neuen Verwertungsmöglichkeiten aus der Hand gebe, ohne dafür ein angemessenes Gehalt zu erlangen".[307] Da die Parteien allerdings eine prozentuale Beteiligung des Urhebers am Erlös neuartiger Verwendungsmöglichkeiten vereinbart hatten, seien auch die Rechte an den bei Vertragsschluss noch unbekannten Verwertungsarten auf den Verleger übergegangen. Folglich könne man „in der nach Zweck und Umständen erkennbaren Willensrichtung der Vertragschließenden" erkennen, dass „alle noch unbekannten, in Zukunft erst zur Entwicklung kommenden Verwertungsmöglichkeiten übertragen und erworben werden sollten".[308] Das Reichsgericht sehe in der Übertragung aller urheberrechtlichen Befugnisse keinen Verstoß gegen Rechtsgrundsätze. Insbesondere könne das Verhältnis von Leistung und Gegenleistung „bei der Lösung der Frage nach dem Vertragszweck und gewolltem Umfang des Vertragsgegenstandes" behilflich sein.[309] Das Urteil zeigte, dass bei der Auslegung im Sinne der Zweckübertragungslehre auch die Beteiligung des Urhebers an der Verwertung des Werkes berücksichtigt werden sollte. Sofern der Urheber für die Einräumung seiner Rechte schon angemessen vergütet würde, müsse er eben nicht vor finanzieller Ausnutzung geschützt werden. Die finanziellen Interessen des Urhebers an der umfassenden Verwertung seines Werkes fand auch in der Entscheidung „Recht der mechanischen Wiedergabe"[310] aus dem Jahre 1931 Berücksichtigung. Gegenstand der Entscheidung war die Frage, ob die Parteien die Einräumung der Rechte der

304 RG 05.04.1933 - I 223/32 - RGZ 140, 255 (257) - Hampelmann.
305 RG 05.04.1933 - I 223/32 - RGZ 140, 255 (257) - Hampelmann.
306 RG 05.04.1933 - I 223/32 - RGZ 140, 255 (257) - Hampelmann.
307 RG 05.04.1933 - I 223/32 - RGZ 140, 255 (257) - Hampelmann.
308 RG 05.04.1933 - I 223/32 - RGZ 140, 255 (258) - Hampelmann.
309 RG 05.04.1933 - I 223/32 - RGZ 140, 255 (258) - Hampelmann.
310 RG 14.11.1931 - I 9/31 - RGZ 134, 198 – Recht der mechanischen Wiedergabe.

mechanischen Wiedergabe beabsichtigt hatten. Wesentlich bei der Ermittlung des Vertragszwecks seien einerseits „die allmählich fortschreitende Technik und ihre Ausnutzung“.[311] Andererseits müsse berücksichtigt werden, dass „die Urheber beim Vertragsabschluss die weitestgehend wirtschaftliche Ausnutzung des Urheberrechts durch entgeltliche Veräußerung aller irgendwie verwertbaren Rechte angestrebt haben“.[312]

II. Anerkennung und Kritik der zeitgenössischen Literatur für die Zweckübertragungslehre

Dagegen lehnten Teile der Literatur wie *Bruno Marwitz* und *Philipp Möhring* die Zweckübertragungslehre ausdrücklich ab und erklärten sie für „nicht logisch“.[313] Das Fundament ihrer Kritik suchten sie im Bürgerlichen Recht. Da das Urheberrecht gemäß § 8 Abs. 3 LUG sowohl beschränkt als auch unbeschränkt übergehen könne, seien die Vorschriften über die Übertragung von Forderungen anzuwenden (§§ 398, 413 BGB), „soweit nicht das Gesetz ein anderes vorschreibt“.[314] Eine entsprechende Ausnahmeregelung fanden die Autoren in § 14 LUG,[315] wonach bestimmte Befugnisse – unter anderem die Übersetzung, die Dramatisierung des Werkes und nach der Novelle von 1910 auch die Verfilmungsrechte – trotz unbeschränkter Übertragung des Urheberrechts, stets beim Urheber zurückblieben.[316] Alle nicht in § 14 LUG aufgezählten Rechte gingen hingegen auf den Erwerber über. Wolle der Urheber weitere Befugnisse zurückbehalten, müsse er

---

311 RG 14.11.1931 - I 9/31 - RGZ 134, 198 (205) – Recht der mechanischen Wiedergabe.

312 RG 14.11.1931 - I 9/31 - RGZ 134, 198 (220) – Recht der mechanischen Wiedergabe.

313 *Marwitz,* UFITA Bd. 1 (1928), 389 (401/ 405); *Marwitz/ Möhring,* Urheberrecht, S. 74.

314 *Marwitz,* UFITA Bd. 1 (1928), 389 (389).

315 § 14 LUG 1910 lautete: „Im Fall der Übertragung des Urheberrechts verbleiben, soweit nicht ein anderes vereinbart ist, dem Urheber seine ausschließlichen Befugnisse:
1. für die Übersetzung eines Werkes in eine andere Sprache oder in eine andere Mundart;
2. für die Wiedergabe einer Erzählung in dramatischer Form oder eines Bühnenwerkes in der Form der Erzählung;
3. für die Bearbeitung eines Werkes der Tonkunst, soweit sie nicht bloß ein Auszug oder eine Übertragung in eine andere Tonart oder Stimmlage ist;
4. für die Benutzung des Werkes zum Zwecke der mechanischen Wiedergabe für das Gehör (§ 12 Abs. 2 Nr. 5);
5. für die Benutzung eines Schriftwerkes zum Zwecke der kinematographischen Wiedergabe (§12 Abs. 2 Nr. 6).“

316 *Marwitz,* UFITA Bd. 1 (1928), 389 (389).

dies vereinbaren; dann liege allerdings eine beschränkte Übertragung vor.[317] Auf Grund der gesetzlichen Regelung der §§ 413, 398 BGB und dem eindeutigen Anwendungsbereich des § 14 LUG sei es aber nicht möglich, dass die Wirkung der Rechtsübertragung von der Absicht der Parteien abhängig gemacht würde, ohne Rücksicht darauf, ob diese Absicht überhaupt im Vertrag zum Ausdruck gekommen sei.[318] Sofern jedoch die „Wirkung der Urheberrechtsübertragung nach dem Zwecke der Vertragsparteien [zu bestimmen sei], so löst man das Urheberrecht aus unserem Rechtssystem und gewährt damit der Willkür [...] freie Bahn".[319] Folglich dürfe der Umfang der übertragenen Urheberrechtsbefugnisse nicht vom Zweck des Vertrages abhängig gemacht werden, sondern sei an die gesetzliche Vorschrift des § 14 LUG gebunden.[320]

Zudem – so kritisieren *Marwitz* und *Möhring* weiter – käme es bei der Auslegung von urheberrechtlichen Verträgen nicht primär auf den Zweck des Vertrages an, sondern zunächst auf die Erklärung der Parteien und erst bei zweideutiger Auslegung der Erklärung auf den Willen der Parteien. Der Zweck der Übertragung könne aber nur dann Inhalt des Vertrages sein, wenn er ausdrücklich von den Parteien im Vertrag festgehalten wurde.[321] *Marwitz* und *Möhring* warfen der Zweckübertragungslehre außerdem vor, dass diese ausschließlich die Interessen der Urheber berücksichtige,[322] obwohl bei einer gerechten Auslegung die „Zwecke beider Parteien" zu Grunde gelegt werden müssten.[323]

Auch bei den Autoren *Paul Dienstag* und *Alexander Elster* (1931) stieß die Zweckübertragungslehre auf wenig Zustimmung. Zwar habe die „Zwecktheorie" einen richtigen Kern, sei „aber als Auslegungsregel nur mit Vorsicht zu gebrauchen, da ja der ‚Zweck' sehr verschiedener Ausdeutung fähig ist und von dem einen Vertragspartner anders gesehen werden kann als von dem anderen".[324] Da die Frage nach dem Zweck des Vertrages eng verwandt sei mit der Auslegung nach Treu und Glauben,[325] könne die „Beurteilung nach dem Zweck des Vertrages nur eine Richtschnur sein, die überdies durch Auslegung nach Treu und Glauben mit Rücksicht auf die Verkehrssitte zu ermitteln ist".[326] Folglich dürfe

317 *Marwitz/ Möhring*, Urheberrecht, S. 75.
318 *Marwitz/ Möhring*, Urheberrecht, S. 75.
319 *Marwitz/ Möhring*, Urheberrecht, S. 74.
320 *Marwitz/ Möhring*, Urheberrecht, S. 74.
321 *Marwitz*, UFITA Bd. 1 (1928), 389 (401).
322 *Marwitz*, UFITA Bd. 1 (1928), 389 (405).
323 *Marwitz/ Möhring*, Urheberrecht, S. 74.
324 *Dienstag/ Elster*, Handbuch, S. 115.
325 *Dienstag/ Elster*, Handbuch, S. 37.
326 *Dienstag/ Elster*, Handbuch, S. 37.

der Zweck bei der Auslegung nur insoweit berücksichtigt werden, als dass die Übertragung nur die Rechte umfasse, die nach Treu und Glauben zum Zweck des Vertrages gehörten.[327]

Die Zweckübertragungslehre stieß in der Literatur freilich auch auf positive Resonanz. Mit Verweis auf *Goldbaum* legte *Robert Büchler* (1925) dar, dass bei einer beschränkten Übertragung des Urheberrechts keine „bloße Veräußerungsübertragung, sondern eine Zweckübertragung" vorliege. Mit Rücksicht auf die Interessen, die der Unternehmer an dem Werk habe, erhalte er nur in diesem Umfang die Nutzungsrechte übertragen. Diese Nutzungsrechte umfassten jedoch nur die vermögensrechtliche Seite, da die persönliche Seite beim Urheber zurückbleibe.[328] Auch *Allfeld* (1928) befürwortete eine Beschränkung der Rechtsübertragung anhand des Vertragszwecks. Er nahm an, „dass das Recht nicht in weiterem Umfang übertragen werden soll, als es dem Zwecke der Übertragung entspricht".[329] Gestützt auf die „Theorie der Zweckübertragung" beschränkten *Kurt Hillig* und *Georg Greuner* den Umfang der urheberrechtlichen Nutzungsrechte. Sofern die Parteien nicht die weitergehende Rechtseinräumung im Verlagsvertrags vereinbart hatten, umfasste dieser nicht den Übergang der Verfilmungsrechte, sondern eben nur die Vervielfältigung und die Veröffentlichung.[330] Zwar bezeichneten die Autoren die Lehre als „Theorie der Zweckübertragung"[331], verwiesen hierbei auf die Rechtsprechung des Reichsgerichts.[332]

III. Der Gedanke der Zweckübertragungslehre in den Gesetzesentwürfen der 1920er und 1930er Jahre

Obwohl in der Zeit der Weimarer Republik zahlreiche bedeutende Verwertungsmöglichkeiten wie das Radio oder der Film entstanden, kam es zu keiner Reform des Urheberrechts. Erst 1965 wurde das Gesetz über Urheberrecht und verwandte Schutzrechte erlassen; bis dahin galten die Reglungen des LUG und KUG von 1901 bzw. 1907 fort. Allerdings kam es zwischen 1929 und 1932 zu zahlreichen amtlichen und nicht amtlichen Urheberrechtsgesetzentwürfen.[333]

327 *Dienstag/ Elster,* Handbuch, S. 115 f.
328 *Büchler,* Übertragung des Urheberrechts, S. 47 f.
329 *Allfeld,* Urheberrecht Literatur und Tonkunst, S.
330 *Hillig/ Greuner,* Gutachten, Bd. 1, S. 38, 62.
331 *Hillig/ Greuner,* Gutachten, Bd. 1, S. 61 f.
332 RG 29.10.1927 – I 76/2 – RGZ 118, 282 - Das Musikantenmädel.
333 *Vogt,* Die urheberrechtlichen Reformdiskussionen, S. 42 ff.

Die im Jahre 1929 erschienenen Privatentwürfe von *Elster,*[334] *Hoffmann,*[335] *Marwitz*[336] und der gemeinschaftliche Entwurf von *Goldbaum* und *Wolff*[337] wurden in der UFITA von 1929 abgedruckt. Vor dem Hintergrund, dass die Entwürfe den Ausgangspunkt für die Beratungen des amtlichen Entwurfs des Reichsjustizministeriums von 1932[338] bildeten, ist ihnen bei der Diskussion über die Novellierung des Urheberrechts eine besondere Bedeutung zuzusprechen.[339] Im Tenor unterschieden sich die amtlichen und nicht amtlichen Entwürfe kaum voneinander: Sie schlugen die Vereinheitlichung der beiden getrennten Urheberrechtsgesetze, die Verlängerung der dreißigjährigen Schutzfrist des Urheberrechts, die ausführliche Normierung eines Persönlichkeitsschutzes und vor allem eine tiefgreifende Einschränkung der Übertragbarkeit des Urheberrechts vor. Das Urheberrecht sollte nicht mehr in seiner Substanz übertragbar sein. Vielmehr sollten lediglich einzelne Werknutzungsrechte eingeräumt werden.[340]

Goldbaum/ Wolff und *Hoffmann* nahmen den Gedanken der Zweckübertragungslehre in ihre Entwürfe auf. Beiden Entwürfen war gemeinsam, dass sie keine Legaldefinition der Zweckübertragungslehre enthielten, sondern der Gedanke der Zweckübertragungslehre in die betreffenden Normen hineingelesen werden konnte. § 9 Abs. 3 des Entwurfs von *Hoffmann* sah vor, dass sich der Umfang der Übertragung vorbehaltlich abweichender schriftlicher Vereinbarungen nach dem durch die Übertragung von den Parteien verfolgten Zweck bestimme.[341] Die entworfene Vorschrift von *Goldbaum/ Wolff* ähnelte der von

334 *Elster,* Materialien zur Gesetzgebung – Urheberschutzgesetz, abgedruckt in UFITA Bd. 2 (1929), S. 652–658.

335 *Hoffmann,* Entwurf eines Gesetzes über das Urheberrecht an Werken der Literatur und Kunst, abgedruckt in UFITA Bd. 2 (1929), S. 659–668.

336 *Marwitz,* Entwurf eines Gesetzes über das Urheberrecht an Werken des Schrifttums, der Kunst und der Photographie, abgedruckt in UFITA Bd. 2 (1929), S. 668–681.

337 *Goldbaum/ Wolff,* Entwurf eines Urheberschutzgesetzes, abgedruckt in UFITA Bd. 2 (1929), S. 185–191.

338 Entwurf eines Gesetzes über das Urheberrecht an Werken der Literatur, der Kunst und der Photographie mit Begründung, Veröffentlicht durch das Reichsjustizministerium (1932).

339 *Vogt,* Die urheberrechtlichen Reformdiskussionen, S. 48.

340 Die Darstellung der unterschiedlichen Gesetzentwürfe ausführlich in: *Kröber,* Deutsches Persönlichkeitsrecht in Vergangenheit, Gegenwart und Zukunft, S. 56 ff.; *Vogt,* Die urheberrechtlichen Reformdiskussionen in Deutschland während der Zeit der Weimarer Republik und des Nationalsozialismus, S. 42 ff.

341 *Hoffmann,* Entwurf eines Gesetzes über das Urheberrecht an Werken der Literatur und Kunst, abgedruckt in UFITA Bd. 2 (1929), 659 (660).

Hoffmann: Vorbehaltlich abweichender schriftlicher Vereinbarung beschränkt sich die Übertragung auf den von den Parteien mit ihr verfolgten Zweck, insbesondere schließt die Übertragung von Teilrechten die Übertragung anderer Teilrechte nicht in sich, ebenso nicht die Einräumung von Ausnutzungsmöglichkeiten, die im Augenblick des Abschlusses nicht üblich waren, (§ 8 Abs. 1 des Entwurfs von *Goldbaum/ Wolff*).[342] In beiden Entwürfen ging also eine abweichende schriftliche Vereinbarung der Beschränkung des Rechtsumfangs auf den von den Parteien zugrunde gelegten Vertragszweck vor. Auffallend ist, dass der Entwurf von *Goldbaum/ Wolff* ausdrücklich auf die „Einräumung von Ausnutzungsmöglichkeiten, die im Augenblick des Abschlusses nicht üblich waren" hinweist. Dadurch knüpfte der Entwurf an das allgemeine Problem der nach Vertragsschluss neu entstandenen Nutzungsarten an und schlug eine Lösung vor.

Die Aufnahme der Lehre in den Entwurf von *Goldbaum/ Wolff* liegt nahe, zumal *Goldbaum* nur wenige Jahre zuvor die Zweckübertragungslehre erschaffen hatte. Über die Beweggründe *Hoffmanns* für die Aufnahme des Gedankens der Zweckübertragungslehre in seinen Gesetzentwurf kann nur spekuliert werden. Jedenfalls strebte *Hoffmann* eine individualistische Betrachtung des Urheberrechts und einen umfangreichen Schutz des Urhebers an.[343]

Während der Zeit des Nationalsozialismus erschienen neben den amtlichen Entwürfen von 1933 und 1934 drei nicht amtliche Gesetzentwürfe (*Hoffmann* (1933), Nationalsozialistische Juristenverband (1934), Ausschuss für Urheber- und Verlagsrecht in der Akademie für Deutsches Recht (1939)). In keinem dieser Entwürfe fand die Zweckübertragungslehre Berücksichtigung.[344]

B. Die Zweckübertragungslehre zwischen 1945 und 1965

Nach Kriegsende wurde neben einigen amtlichen auch eine Vielzahl von nichtamtlichen Entwürfen vorgelegt, die sich in ihren Grundzügen kaum voneinander unterschieden und eine grundlegende Urheberrechtsreform anstrebten.[345] Wie bereits in den Entwürfen der 1920er und 1930er Jahre sollte das Urheberrecht

342 *Goldbaum/ Wolff*, Entwurf eines Urheberschutzgesetzes, abgedruckt in UFITA Bd. 2 (1929), 185 (186).

343 *Moser von Filseck*, GRUR 1942, 377 (377).

344 Sehr ausführliche Darstellungen der Gesetzentwürfe mit all ihren Vorschriften in: *Vogt*, Die urheberrechtlichen Reformdiskussionen, S. 157 ff.; *Maracke*, Die Entstehung des Urheberrechtsgesetzes von 1965.

345 Die Gesetzentwürfe werden ausführlich von *Maracke*, Die Entstehung des Urheberrechtsgesetzes von 1965 (2003) dargestellt und untersucht.

als unübertragbares Recht ausgestaltet sein. Darüber hinaus wurde das Hauptaugenmerk auf den Schutz der geistigen und persönlichen Beziehungen des Urhebers zu seinem Werk gelegt.[346] Die langwierigen Reformdebatten, die erst durch das Inkrafttreten des Urheberrechtsgesetzes im Jahre 1965 endeten, verdeutlichen, dass der Gesetzgeber des 20. Jahrhunderts dem technischen Fortschritt hinterherhinkte und das Urheberrecht erst spät an die neuen Umstände angepasste.[347]

In der Nachkriegszeit und bis 1965 griff der Bundesgerichtshof die Zweckübertragungslehre nur in wenigen Fällen auf. Die folgende Darstellung der Entscheidungen des BGH beruht auf einer Auswahl der wichtigsten Urteile (I.). Die Literatur schenkte *Goldbaums* Zweckübertragungslehre nur rudimentär Beachtung (II.).

I. Die Rechtsprechung des BGH bis 1965

Die wenigen Entscheidungen des BGH in der Zeit bis 1965 konzentrierten sich überwiegend auf das Filmrecht. Zurückzuführen ist dieser Schwerpunkt auf den Aufschwung, den die Filmbranche in den 1950er Jahren erlebte und dabei Unklarheiten über die Verteilung der Nutzungsrechte mit sich brachte. Die Vertragsparteien vereinbarten im Jahre 1950 die Herstellung des Kulturfilms „Lied der Wildbahn", wobei dem Erwerber die „ausschließlichen und uneingeschränkten Aufführungs- und Verwertungsrechte" an dem Filmwerk eingeräumt werden sollten. Legte man den Vertrag nun nach „der im Urheberrecht anerkannten Lehre von der Zweckübertragung [aus], wonach sich der Umfang der übertragenen urheberrechtlichen Befugnisse nach dem Zweck bestimmt, der mit dem Vertrag angestrebt wird",[348] schließe der Erwerb des ausschließlichen Vorführungsrechts an dem Filmwerk im Zweifel nicht den Erwerb des fotographischen Urheberrechts an den einzelnen Lichtbildern des Films ein. Um den Vertragszweck zu erreichen, bedürfe der Erwerber nicht das fotographische Urheberrecht an den Einzelbildern, so dass „die Rechte, die sich aus dem Fotografienschutz ergeben, bei dem Hersteller des Kulturfilmes" blieben.[349] In einer weiteren Entscheidung urteilte der BGH, dass ein Filmproduzent die ihm übertragenen Kompositionen und Liedertexte im Zweifel nur in dem Film auswerten dürfe, für welchen die Kompositionen und Liedertexte ursprünglich bestimmt

346 *Maracke*, Die Entstehung des Urheberrechtsgesetzes, S. 591 ff.
347 *Pahlow*, Einleitung, in: *Apel/ ders./ Wießner*, Biographisches Handbuch, S. 14.
348 *BGH* GRUR 1953, 299 (301) – Lied der Wildbahn.
349 *BGH* GRUR 1953, 299 (299) – Lied der Wildbahn.

waren.[350] Selbst wenn der Vertrag die „Übertragung der unbeschränkten dinglichen Urheberrechte“ vorsehe, müsse sich von dem buchstäblichen Wortlaut abgegrenzt werden.[351] Sofern Kompositionen oder Liedertexte eigens für einen Film geschaffen wurden, entspreche es der Zweckübertragungslehre, „dass urheberrechtliche Nutzungsbefugnisse an dem Werk auch nur im Rahmen dieser sich aus dem Vertrag ergebenen Zweckbestimmung übertragen werden sollten“.[352]

In einem anderen Fall hatte sich ein Filmhersteller zur „Lieferung des Filmes“ verpflichtet, sich selbst aber keine eigenen Verwertungsrechte an dem Film vorbehalten. Aus diesem Grund sprach der BGH dem Besteller des Filmwerks sämtliche urheberrechtlichen Nutzungsrechte zu. Der Filmhersteller habe einen festen Kostenbetrag erhalten, in dem auch die Honorare aller an der Filmherstellung schöpferisch Beteiligten inbegriffen seien.[353] Bei der Auslegung des Urheberrechtsvertrages sei die Zweckübertragungstheorie herangezogen worden, wonach „der Inhaber von Urheberrechten im Zweifel nur diejenigen Nutzungsbefugnisse an dem Werk überträgt, die sein Vertragsgegner zur Erreichung des Vertragszweckes“ benötige.[354] In diesem Fall erfordere es der Zweck des Vertrages – die Herstellung des Werbe-Kulturfilmes „Wägen und Wagen“ zur Aufklärung der Öffentlichkeit über das Wirken des Einzelhandels in der Wirtschaft –, dass der Erwerber den Film in einem möglichst großem Umfang in Lichtbildtheatern vorführen könne. Hierbei solle dieser bei der Bestimmung von Ort, Zeit und Umfang des Filmeinsatzes nicht auf den Hersteller angewiesen sein.[355] Eine beschränkte Einräumung des Urheberrechts entsprach folglich nicht dem Vertragszweck.

Bei der Entscheidung „Cosima Wagner“ aus dem Jahre 1954 diente die Zweckübertragungslehre als Auslegungshilfe bei der Frage, ob und in welchem Umfang die Tagebücher von Cosima Wagner veröffentlicht werden sollten.[356] Cosmia Wagner hatte noch zu Lebzeiten ihrer Tochter Eva Chamberlain ihre Tagebücher mit der Bitte überlassen, deren vertrauliche Behandlung sicherzustellen. In ihrem Testament setzte Eva Chamberlain die Stadt Bayreuth als ihre Erbin ein und verfügte, dass die Tagebücher ihrer Mutter erst 30 Jahre nach ihrem eigenen Tod veröffentlicht werden durften. Die Erben des Sohnes von Cosmia Wagner

350 *BGH* GRUR 1957, 611 (612) – Bel Ami.
351 *BGH* GRUR 1957, 611 (613) – Bel Ami.
352 *BGH* GRUR 1957, 611 (612) – Bel Ami.
353 *BGH* GRUR 1960, 609 (611 f.) – Wägen und Wagen.
354 *BGH* GRUR 1960, 609 (611) – Wägen und Wagen.
355 *BGH* GRUR 1960, 609 (611) – Wägen und Wagen.
356 *BGH* GRUR 1955, 201 – Cosima Wagner.

sahen sich hingegen als Inhaber des Urheberrechts an den Tagebüchern. Kraft des hieraus erwachsenen Urheberpersönlichkeitsrechts versuchten die Erben die Veröffentlichung der Tagebücher zu erzwingen.[357] Unter Berufung auf den Zweck der Übertragung der Tagebücher von Cosima Wagner an ihre Tochter, argumentierte der BGH, dass Eva Chamberlain die Werke zur vertraulichen Bewahrung übertragen bekommen hatte. Dem Zweck dieser Übertragung entspreche es also, dass das Werk sicher verwahrt und nicht veröffentlicht werden sollte. Dieses Ergebnis stehe auch mit der Rechtsprechung des Reichsgerichts und des BGH in Einklang, wonach „bei Verfügungen über urheberrechtlich geschützte Werke der Umfang der Rechtsübertragung im Zweifel durch den Zweck bestimmt wird, dem die Rechtsübertragung dienen soll".[358] Durch die Verwahrung der Tagebücher sei zudem der mit der Rechtsübertragung an Eva Chamberlain bezweckte Schutz des persönlichkeitsrechtlichen Interesses der Verfasserin (postmortal) gewahrt.[359]

Der BGH beschränkte die Zweckübertragungslehre „keineswegs auf die vom Werkschöpfer selbst in erster Hand abgeschlossenen Verwertungsverträge", vielmehr sei diese „auch für Werknutzungsrechte, die vom Inhaber eines nur abgeleiteten Urheberrechts vergeben werden" anzuwenden.[360] Obwohl die Zweckübertragungslehre einst für das Verhältnis zwischen Urheber und Ersterwerber geschaffen wurde, erweiterte der BGH damit die Anwendung der Lehre auf Verträge zwischen Verwertern. Zudem sei die Zweckübertragungslehre dahingehend zu verallgemeinern, dass „eine Übertragung urheberrechtlicher Nutzungsbefugnisse in der Regel nur dann angenommen werden könnte, wenn ein dahingehender Parteiwille unzweideutig zum Ausdruck gekommen" sei. Ins Auge fällt bei dieser Entscheidung, dass der BGH die Zweckübertragungslehre ausdrücklich als eine „besondere Auslegungsregel des Urheberrechts" bezeichnet.[361]

Im Folgenden erweiterte der BGH die Zweifelsregelung, die das Reichsgericht der Zweckübertragungslehre bereits im Jahre 1927 beigefügt hatte. Während das Reichsgericht die Zweifelsregelung noch darauf beschränkte, dass im Zweifel die Befugnis zur Verfilmung beim Urheber verbleibe[362] und damit direkt auf den zugrundeliegenden Fall anwendete, fasste der BGH die Zweifelsregelung

357 *BGH* GRUR 1955, 201 (202 f.) – Cosima Wagner.
358 *BGH* GRUR 1955, 201 (203) – Cosima Wagner.
359 *BGH* GRUR 1955, 201 (204) – Cosima Wagner.
360 *BGH* GRUR 1960, 197 (198) – Keine Ferien für den lieben Gott.
361 *BGH* GRUR 1960, 197 (199) – Keine Ferien für den lieben Gott.
362 Vgl. RG 29.10.1927 – I 76/2 – RGZ 118, 282 (288) - Das Musikantenmädel.

allgemeiner. „Soweit ausdrückliche Abreden im Vertrag fehlen, sei im Zweifel anzunehmen, dass der Inhaber der Urheberrechte seinem Vertragspartner keine weitergehenden Rechte übertragen und einräumen will, als es der Zweck des Vertrages erfordert.“[363]

Nicht immer führte die Zweckübertragungslehre allerdings zu einer Einschränkung des Umfangs der Rechtsübertragung, sondern konnte auch eine umfassende Rechtsübertragung zur Folge haben. Die Auslegung nach dem Vertragszweck rechtfertige eben nicht immer im Zweifel eine Beschränkung der übertragenen Rechte, vielmehr müssten „besondere Umstände vorliegen, aus denen der Wille der Vertragsschließenden zu einer so einschneidenden Einschränkung zu entnehmen wäre“.[364]

Wie die vorstehenden Entscheidungen zeigen, führte der BGH die Anwendung der Zweckübertragungslehre fort und ergänzte diese.[365] Ausgangspunkt für die Rechtsprechung war die Überlegung *Goldbaums*, dass jeder Rechtsübertragung ein konkreter Zweck zugrunde liege, der Inhalt und Umfang der übertragenen Rechte bestimme. Da beide Parteien diesen Zweck bei Abschluss des Urheberrechtsvertrages anstrebten, erhalte der Erwerber nur so viele Rechte an dem vertragsgegenständlichen Werk, als er zur Erfüllung des Vertrages benötige; denn nur so weit reiche der Übertragungswille des Urhebers. Der BGH sah die Zweckübertragungslehre als Auslegungsregel an und legte den Vertrag ebenfalls losgelöst von dessen Wortlaut aus. Fehlten ausdrückliche Abreden im Vertrag oder waren Parteiabsprachen nicht eindeutig, nahm der BGH an, dass der Inhaber der Urheberrechte seinem Vertragspartner im Zweifel keine weitergehenden Rechte übertragen und einräumen wollte, als es der Zweck des Vertrages erforderte. Damit verknüpfte der BGH die Möglichkeit, den Umfang der urheberrechtlichen Nutzungsbefugnisse anhand des Vertragszwecks zu bestimmen, mit einer Zweifelsreglung: Im Zweifel wolle der Urheber dem Erwerber keine über den Vertragszweck hinausgehenden Rechte einräumen. Die Vielzahl an Entscheidungen, bei denen der BGH auf die Zweckübertragungslehre zurückgriff, verdeutlichen die große Bedeutung der Lehre als Instrument der Vertragsauslegung. Insbesondere konnte die Zweckübertragungslehre sowohl bei der Einräumung von Nutzungsrechten durch den Urheber als auch bei der Weiterübertragung von Nutzungsrechten angewendet werden. Zudem betonte der BGH, dass die Zweckübertragungslehre nicht nur als Einschränkung bei

---

363 *BGH* GRUR 1959, 200 (203) – Der Heiligenhof.
364 *BGH* GRUR 1965, 323 (325) – Cavalleria rusticana.
365 *Pahlow*, Lizenz und Lizenzvertrag, S. 177.

der Nutzungsrechtseinräumung zu verstehen sei, sondern gleichermaßen eine umfangreiche Rechtseinräumung herbeiführen könne. Durch die maßgebliche Prägung des Zweckübertragungslehre durch die Rechtsprechung liegt die Annahme einzelner Autoren nah, der Rechtsprechung den Verdient an der Zweckübertragungslehre zuzusprechen. Nach *Kurt Bussmann, Rolf Pietzcker* und *Heinz Kleine* (1961) sei die Zweckübertragungslehre „vom Reichsgericht entwickelt und vom BGH übernommen" worden.[366]

II. Die Literatur nach 1945

In seinem Lehrbuch zum Urheber- und Verlagsrecht griff *Eugen Ulmer* (1951) den Gedanken der Zweckübertragungslehre auf, ohne allerdings *Goldbaum* als Schöpfer der Lehre zu nennen: Der Urheber wolle dem Erwerber keine weitergehenden Rechte übertragen, als es der Zweck der Verfügung erfordere. Dies folge daraus, dass dem Urheberrecht die Tendenz innewohne, „so weit als möglich beim Urheber zurückzubleiben".[367] Besondere Bedeutung habe die Berücksichtigung des Zwecks der Übertragung vor allem dann, wenn zunächst das Urheberrecht übertragen und im Nachhinein neue technische Verwertungsmöglichkeiten geschaffen würden. Wenn an diese neuen Verwertungsmöglichkeiten zum Zeitpunkt des Vertragsabschlusses noch nicht gedacht worden sei, dann blieben sie trotz unbeschränkter Urheberrechtsübertragung beim Urheber zurück.[368] Der Grundsatz *Ulmers,* dass das Urheberrecht „so weit als möglich beim Urheber zurückbleibt", erfuhr solch eine Zustimmung durch die Literatur, dass dieser seitdem untrennbar mit der Zweckübertragungslehre verbunden ist.[369] Diese Verbindung verdeutlichte erneut, dass *Goldbaum* bereits im Jahre 1923 mit seinen Ausführungen zur Zweckübertragungslehre eine Grundlage geschaffen hatte, welche nicht nur durch die Rechtsprechung, sondern auch durch *Ulmer* gefestigt und weiterentwickelt wurde.

In der dritten Auflage seines Lehrbuchs zum Urheber- und Urhebervertragsrecht aus dem Jahre 1961 stellte *Goldbaum* klar, dass die Zweckübertragungslehre gerade nicht die „jeder Rechtsübertragung innewohnenden, allgemeinen materiellen und ideellen Zwecke im Auge (Verbreitung des Werkes, Erzielung von Honorareinnahmen bzw. eines geschäftlichen Gewinns)"[370] habe. Vielmehr

366 *Bussmann/ Pietzcker/ Kleine,* Gewerblicher Rechtsschutz und Urheberrecht, S. 394.

367 *Ulmer,* Urheber- und Verlagsrecht, S. 217.

368 *Ulmer,* Urheber- und Verlagsrecht, S. 218.

369 Vgl. statt vieler *Schulze,* in: Dreier/ Schulze, UrhG, § 31 Rn. 110; *Wiebe,* in: Spindler/ Schuster, UrhG, § 31 Rn. 12.

370 *Goldbaum*, Urheber- und Urhebervertragsrecht, 3. Aufl. (1961), S. 155.

konzentriere sich der Zweck seiner Lehre auf die unmittelbare, konkrete Zielsetzung wie beispielsweise die Veröffentlichung, die Verfilmung oder die Aufführung eines Werkes. Ausschließlich diesem konkreten Zweck diene die Rechtsübertragung, so dass sich Inhalt und Umfang der übertragenen Rechte nur nach diesem Zweck bestimmen könnten.[371] Dem Erwerber werde folglich nur das übertragen, was er zur Zeit des Vertragsabschlusses nötige habe, „um die Aufgabe, die er sich gestellt hat, zu lösen, seinen Verpflichtungen zu genügen und die für das Vertragsziel getroffenen oder vorgesehenen Einrichtungen planmäßig zu verwenden".[372] Über den Vertragszweck hinausgehende Nutzungsrechte übertrage der Inhaber des Urheberrechts im Zweifel nicht.[373]

C. Zusammenfassung

1. Bei der Zweckübertragungslehre handelte es sich um ein ungeschriebenes Instrument zur Auslegung von urheberrechtlichen Verträgen, für die es keine allgemeingültige Definition gab. Am Ende des obigen Untersuchungszeitraums – also kurz vor Inkrafttreten des Urheberrechtsgesetzes – lässt sie sich aber wie folgt zusammenfassen: Soweit ausdrückliche Abreden im Vertrag fehlten oder der Parteiwille nicht eindeutig zum Ausdruck kam, war im Zweifel anzunehmen, dass der Inhaber der urheberrechtlichen Nutzungsrechte seinem Vertragspartner keine weitergehende Rechte einräumen bzw. übertragen wollte, als es der Zweck des Vertrages erforderte. Dies folgte daraus, dass dem Urheberrecht die Tendenz innewohnte, so weit wie möglich beim Urheber zu verbleiben.
2. Die vorstehenden Ausführungen zeigen, dass *Goldbaum* das Grundgerüst der Zweckübertragungslehre legte, welches von Rechtsprechung und Literatur weiterentwickelt wurde. Das Reichsgericht nahm den Gedanken der Zweckübertragungslehre zeitnah an *Goldbaum* in seine Rechtsprechung auf, ohne jedoch auf *Goldbaum* Bezug zu nehmen. Nach dem Dafürhalten der Rechtsprechung konnte die Lehre sowohl bei der Einräumung von Nutzungsrechten durch den Urheber als auch bei der Weiterübertragung von Nutzungsrechten angewendet werden. Zudem betonte der BGH, dass die Zweckübertragungslehre nicht nur als Einschränkung bei der Nutzungsrechtseinräumung zu verstehen sei, sondern gleichermaßen eine umfangreiche Rechtseinräumung

371 *Goldbaum*, Urheber- und Urhebervertragsrecht, 3. Aufl. (1961), S. 155.
372 *Goldbaum*, Urheber- und Urhebervertragsrecht, 3. Aufl. (1961), S. 155.
373 *Goldbaum*, Urheber- und Urhebervertragsrecht, 3. Aufl. (1961), S. 155.

herbeiführen könne. Nach anfänglicher Kritik, ging auch die Literatur dazu über, die Zweckübertragungslehre bei der Auslegung von nicht eindeutigen und zweifelhaften Verträgen heranzuziehen. Insbesondere *Ulmer* gab der Lehre ihren Zusatz, dass dem Urheberrecht die Tendenz innewohne, so weit als möglich beim Urheber zurückzubleiben.

In der neueren Literatur lehnten *Haedicke/Timmann* die Auslegung von patentrechtlichen Verträgen im Sinne der Zweckübertragungslehre ab:[623] Die Zweckübertragungslehre habe ihren Ursprung im Urheberrecht und diene dem Schutz des schutzbedürftigen Urhebers gegenüber den mächtigen Verwertern. Da es sich bei dem Patentinhaber und dem Verwerter zumeist um Unternehmen handele, bestehe ein solches Kräfteungleichgewicht im Patentrecht nicht. Ferner sei das Patentrecht nicht persönlichkeitsrechtlich determiniert, so dass dem Patentrecht als Wirtschaftsrecht ein gleichermaßen ausgeprägtes Verkehrsschutz- und Bestandsschutzinteresse innewohne. Folglich müsse dem Bestandsschutzinteresse anders als im Urheberrecht kein Vorrang vor dem Verkehrsschutzinteresse eingeräumt werden.[624]

Die folgenden Ausführungen widmen sich der Frage, ob die Zweckübertragungslehre im Patentrecht angewendet werden kann. In diesem Zusammenhang werden sowohl die vermögens- als auch die persönlichkeitsrechtlichen Aspekte, die der Zweckübertragungslehre zugrunde liegen, auf ihre Vereinbarkeit mit dem Patentrecht geprüft. Auf persönlichkeitsrechtlicher Seite wird zunächst untersucht, ob das Erfinderpersönlichkeitsrecht dem Erfinder eine ähnlich enge Verbindung zu seiner Erfindung gewährt, wie das Urheberpersönlichkeitsrecht dem Urheber zu seinem Werk. Ist dies der Fall, könnte die Zweckübertragungslehre den Erfinder vor dem Verlust von über den Vertragszweck hinausgehenden Rechten bewahren. Im Anschluss stellt sich die Frage, ob die Anwendung der Zweckübertragungslehre im Patentrecht die Sicherung einer angemessenen Beteiligung des Rechtsinhabers an den Früchten der Verwertung seiner Erfindung bzw. des Patents bezweckt.

Da weder Rechtsprechung noch Literatur darlegen, ob die Zweckübertragungslehre nur im Hinblick auf die Rechtsbeziehungen des Einzelerfinders und/oder auch auf Verträge zwischen Unternehmen angewendet werden soll, wird die Anwendbarkeit der Zweckübertragungslehre sowohl aus der Sicht eines veräußernden Einzelerfinders als auch aus der Sicht eines veräußernden Unternehmens betrachtet. Bei der pauschalen Annahme, die Lehre sei im Patentrecht anwendbar, wird jedenfalls übersehen, dass die Zweckübertragungslehre ursprünglich den Einzelurheber vor einer übereilten Einräumung seiner Rechte an Verwertungsgesellschaften schützen sollte. Im Patentrecht gestaltet sich die Interessenlage jedoch anders. Der patentrechtliche Rechts- und Wirtschaftsverkehr wird fast ausschließlich über Unternehmen abgewickelt; nur selten nimmt

623 *Haedicke*, in: Haedicke/ Timmann, Patentrecht, § 4 Rn. 19.
624 *Haedicke*, in: Haedicke/ Timmann, Patentrecht, § 4 Rn. 19.

der Einzelerfinder oder erstmalige Patentinhaber die wirtschaftliche Auswertung der patentierbaren Erfindung selbst vor.[625] Vor diesem Hintergrund ist fraglich, ob die Zweckübertragungslehre im Patentrecht auch als Schutzinstrument für veräußernde Unternehmen angewendet werden kann oder möglicherweise nur dem veräußernden Einzelerfinder dienen soll. Zudem darf nicht außer Acht gelassen werden, dass 80–90% aller Erfindungen von Arbeitnehmererfindern getätigt werden.[626] Aus diesem Grund muss die Frage aufgeworfen werden, ob die Zweckübertragungslehre auch auf den Erfinder im Arbeitsverhältnis übertragen werden kann.

A. Die Rezeption der Zweckübertragungslehre im Patentrecht

Bereits im Jahre 1903 stellte *Hermann Isay* fest, dass der Patentinhaber im Zweifel so wenig wie möglich von seinen Rechten aufgeben wolle. Daher sei bei der Vertragsauslegung im Zweifel eher die Einräumung einer einfachen als einer ausschließlichen Lizenz anzunehmen.[627] *Isay* verwies bei seinen Ausführungen auf ein Urteil des OLG Dresden vom 11. Dezember 1882.[628] Darin ging es um eine Vereinbarung des klagenden Patentinhabers mit dem Beklagten, wonach der Kläger dem Beklagten „die alleinige und unbeschränkte Ausnutzung“ eines patentierten Verfahrens überlassen hatte. Der Beklagte übertrug die Ausübung des patentierten Verfahrens allerdings weiter an einen Fabrikanten, ohne seinerseits die Ausübung des patentierten Verfahrens zu beenden.[629] Das OLG Dresden entschied, dass der Beklagte die Ausübung des patentierten Verfahrens nur dann einem Dritten übertragen dürfe, wenn mit Sicherheit darauf geschlossen werden könne, „dass der Patentinhaber dem von ihm eingesetzten Lizenzträger eben nicht bloß die konkurrenzfreie Ausübung des patentierten Verfahrens, sondern außerdem noch die freie Verfügung darüber habe einräumen wollen, von wie vielen Personen, in wie vielen selbständig geleiteten Etablissements“[630] das patentierte Verfahren genutzt werden dürfe. Da der Beklagte nicht nachweisen könne, dass der Vertrag eine solche freie Verfügung zulasse, müsse er wahlweise die Ausübung des patentierten Verfahrens unterlassen oder den Vertrag mit dem Fabrikanten aufheben.[631] Zwar spricht das Gericht weder davon, dass der

625 *Kraßer/ Ann,* Patentrecht, Vor §§ 40–42 Einf. 1. Rn. 1.
626 *Bartenbach/ Volz,* ArbNErfG, Einl. Rn 2.
627 *Isay,* PatG, 1903, S. 188.
628 *OLG Dresden* Pbl. 1892, Bd. 16, 724 (725 f.).
629 *OLG Dresden* Pbl. 1892, Bd. 16, 724 (724).
630 *OLG Dresden* Pbl. 1892, Bd. 16, 724 (725).
631 *OLG Dresden* Pbl. 1892, Bd. 16, 724 (724 f.).

Patentinhaber so wenig wie möglich von seinen Rechten aufgeben wolle noch von einer im Zweifel einfachen Lizenzeinräumung. *Isay* scheint dies aber in den Umstand hineinzulesen, dass der Beklagte eine freie Verfügung beweisen müsse, um die Ausübung des patentierten Verfahrens einem anderen einzuräumen, da anderenfalls nur der Beklagte selbst das Verfahren ausüben könne.

Erst drei Jahrzehnte nach den Ausführungen von *Isay*, waren es *Klauer/ Möhring*[632] (1937), die zur Abgrenzung von Vollrechtsübertragungen und den Arten der Lizenzeinräumung den „mit dem Lizenzvertrag im Einzelfall erstrebten Zweck" heranzogen. Ausgangspunkt für die Bemessung des Umfangs des Lizenzvertrages sei der von den Parteien erstrebte wirtschaftliche Erfolg. *Klauer/ Möhring* ließen allerdings offen, ob der erstrebte Zweck des Lizenzvertrages mittels Auslegung zu ermitteln sei. Überdies bezogen sich *Klauer/Möhring* weder auf das bereits ergangene Urteil des OLG Dresden, noch auf die von *Isay* angestellten Überlegungen, dass der Patentinhaber im Zweifel so wenig wie möglich von seinen Rechten aufgeben wolle. Ferner blieb auch *Goldbaum* unerwähnt. Die Autoren übernahmen damit zwar die zugrunde liegende Idee der Zweckübertragungslehre nach einer umfassenden Zurückbehaltung der Rechte beim Rechtsinhaber, rezipierten die Lehre aber nicht.

Heinrich Tetzner (1951) nahm an, dass die im Vertrag nicht genau bezeichneten Rechte beim Erfinder zurückblieben und nicht Teil der Nutzungsrechtseinräumung seien.[633] Im Unterschied zu *Klauer/ Möhring* stützte er sich allerdings auf Urteile aus dem Urheberrecht.[634] Zwar bezog er sich nicht ausdrücklich auf die Zweckübertragungslehre, der „Grundsatz aus dem Urheberrecht" könne aber auch im Patentrecht angewendet werden.[635] Den Grund für die Anwendbarkeit der Zweckübertragungslehre ließ *Tetzner* allerdings offen.

Seit den 1980er Jahren wird die urheberrechtliche Zweckübertragungslehre flächendeckend im Patentrecht übernommen. Ab der siebten Auflage seines Kommentars zum Patentrecht (1981) sprach *Georg Benkard* von dem „im Immaterialgüterrecht allgemein geltenden Zweckübertragungsgrundsatz", der als Erfahrungsgrundsatz bei der Ermittlung der Reichweite der Parteiabsprache heranzuziehen sei.[636] In den vorherigen Auflagen hielt er lediglich fest, dass bei der rechtlichen Bestimmung des Gehalts des Vertrages, der von den Parteien

---

632 *Klauer/ Möhring*, PatG, § 9 Rn. 5, S. 210.

633 *Tetzner*, PatG, § 9 Anm. 55, S. 333.

634 RG 29.10.1927 – I 76/2 – RGZ 118, 282 (286 f.) - Das Musikantenmädel; RG 16.02.1929 - I 320/28 - RGZ 123, 312 – Wilhelm Busch.

635 *Tetzner*, PatG, § 9 Anm. 55, S. 333.

636 *Benkard*, PatG, 7. Aufl., § 15 Rn. 13.

verfolgte Zweck das wesentliche Auslegungsmittel sei[637] und der Patentinhaber erfahrungsgemäß bei der Einräumung eines Rechts nur so wenig wie möglich von seinen Rechten aufgeben wolle.[638] Nach *Peter Mes* (1997) müsse die Ermittlung des Umfang der Rechtseinräumung „unter Beachtung des Grundsatzes erfolgen, dass der Inhaber eines Ausschließlichkeitsrechts nur so viele Befugnisse auf den Erwerber überträgt, die dieser zur Verwirklichung des vereinbarten Zwecks benötigt (Zweckübertragungstheorie, die das gesamte Immaterialgüterrecht beherrscht)".[639] Dem schloss sich *Rudolf Busse* (1999) an: Gäbe der Vertrag keinen eindeutigen Aufschluss darüber, ob eine Vollrechtsübertragung gewollt sei, müsse „die insbesondere im Urheberrecht entwickelte Zweckübertragungstheorie; § 31 Abs. 5 UrhG"[640] zur Hilfe genommen werden. Demnach wolle der Veräußernde nur so viel von seinen Rechten übertragen, wie es für den mit dem Vertrag verfolgten Zweck erforderlich sei.[641]

In der Rechtsprechung zeichnet sich dagegen ein anderes Bild ab. Nur in wenigen Fällen zogen die Gerichte bei der Auslegung von Verträgen den urheberrechtlichen Grundsatz heran. Im Jahre 1937 entschied das Reichsgericht, dass der Erfinder im Falle einer Rechtseinräumung so wenig wie möglich von seinem Recht an der Erfindung aufgeben solle,[642] so dass ihm so viele Rechte wie möglich zurückblieben.[643] In diese Richtung ging bereits die Entscheidung des OLG Dresden aus dem Jahre 1882,[644] welche – soweit ersichtlich – erstmalig den Gedanken einer möglichst weitgehenden Zurückbehaltung von Rechten festhielt.

In der Entscheidung „Gleichstromsteuerschaltung"[645] griff der BGH bei der Ermittlung des Rechtsumfanges auf den „anerkannten Erfahrungssatz" zurück, nach welchem „ein Erfinder in der Regel von seinem Recht so wenig wie möglich aufgeben" wolle.[646] Im Einzelfall könne der Richter bei Hinzuziehung des Grundsatzes die Überzeugung gewinnen, dass „der Erfinder und sein Vertragspartner

---

637 *Benkard,* PatG, 3. Aufl., § 9 Anm. 3c.

638 *Benkard,* PatG, 5. Aufl., § 9 Rn. 51 m.w.N. aus der Rspr.

639 *Mes,* in: ders., PatG 1997, § 15 Rn. 11 mit Verweis auf ein Urteil aus dem Urheberrecht *BGH* GRUR 1981, 196 (197) – Honorarvereinbarung.

640 *Busse,* PatG, 5. Aufl. 1999, § 15 Rn. 19.

641 *Busse,* PatG, 5. Aufl. 1999, § 15 Rn. 19 m.w.N. aus der Rspr.

642 *RG* GRUR 1937, 1001 (1002) – Straßenfahrbahn I.

643 *RG* GRUR 1943, 355 (355).

644 *OLG Dresden* Pbl. 1892, Bd. 16, 724 (725 f.).

645 *BGH* GRUR 2000, 788 - Gleichstromsteuerschaltung.

646 *BGH* GRUR 2000, 788 (788) - Gleichstromsteuerschaltung.

[…] sich auf eine weitergehenden Verpflichtung, insbesondere auf eine Vollrechtsübertragung geeinigt" hätten.[647] Im Zweifel könne „eine Verpflichtung zur Einräumung von Rechten an einem Patent oder an einer Patentanmeldung lediglich in dem Umfang angenommen werden […], in dem ihre Verschaffung den feststellbaren Umständen nach unabdingbar ist".[648] Zwar nennt der BGH die Zweckübertragungslehre nicht ausdrücklich beim Namen, anhand der obigen Ausführungen und dem Verweis auf ein Urteil aus dem Urheberrecht[649] wird aber deutlich, dass es sich bei dem „anerkannten Erfahrungssatz" um die Zweckübertragungslehre handelt.

Etwa zeitgleich zum Urheberrecht stellten Rechtsprechung und patentrechtliche Literatur damit fest, dass der Erfinder kein Interesse an einer umfangreichen Aufgabe seiner Rechte habe. Dieser Gedanke fand allerdings nur zögernd Eingang in die Literatur. Während zunächst nur die Auffassung anerkannt wurde, dass der Patentinhaber so wenig wie möglich von seinen Rechten aufgeben wolle, ging die Literatur allmählich dazu über, den Vertrag zur Ermittlung der eingeräumten Rechte nach seinem Zweck auszulegen und berief sich in diesem Zusammenhang auf Urteile zum Urheberrecht. In einem weiteren Schritt nahm die überwiegende patentrechtliche Literatur an, die Zweckübertragungslehre fände als anerkannter Grundsatz des Urheberrechts auch im Patentrecht Anwendung.[650] Die Zweckübertragungslehre wurde infolgedessen insbesondere dann zur Auslegung eines Vertrages herangezogen, wenn Zweifel bestanden, ob die Parteien eine Vollrechtsübertragung oder eine Lizenzeinräumung vereinbart hatten.

B. Vergleichsweise schwach ausgeprägte Bindung des Erfinders an seine Erfindung

Es stellt sich die Frage, ob und inwiefern die Zweckübertragungslehre im Patentrecht in rechtlicher Hinsicht angewendet werden kann. Während die enge geistige und persönliche Bindung des Urhebers zu seinem Werk – das Urheberpersönlichkeitsrecht – eine vollständige Übertragung des Urheberrechts auf

647 *BGH* GRUR 2000, 788 (788) - Gleichstromsteuerschaltung.

648 *BGH* GRUR 2000, 788 (789) - Gleichstromsteuerschaltung.

649 *BGH* GRUR 1996, 121 – Pauschale Rechtseinräumung.

650 Die Literatur geht auch von einer Anwendbarkeit der Zweckübertragungslehre und nicht der Norm des § 31 Abs. 5 UrhG aus. In wenigen Fällen hängt die Literatur allerdings ein „vgl. § 31 Abs. 5 UrhG" an, *Moufang*, in: Schulte, PatG, § 15 Rn. 19; *Mes*, in: ders., PatG, § 15 Rn. 11.

den Erwerber verhindert (§ 29 Abs. 1 UrhG), ist fraglich, ob und inwieweit das Patentrecht von einer ähnlich starken Bindung des Erfinders zu seiner Erfindung geprägt ist. In dem Anspruch auf Anerkennung der Erfindereigenschaft aus §§ 37 Abs. 1, 63 Abs. 1 PatG kommt das Erfinderpersönlichkeitsrecht am deutlichsten zum Ausdruck. Dieser Anspruch ist mitunter als Erfinderehre bekannt und bildet die persönlichkeitsrechtliche Seite des Erfinderrechts, welche neben dem Verwertungsrecht des Erfinders steht.[651]

Das Erfinderpersönlichkeitsrecht entsteht durch die Schaffung der Erfindung und ist auf Grund seiner Höchstpersönlichkeit unverzichtbar, unübertragbar, unverpfändbar und unpfändbar.[652] Da das Erfinderpersönlichkeitsrecht ein geschütztes Rechtsgut nach § 823 Abs. 1 BGB darstellt, kann eine Verletzungshandlung zum Schadensersatz führen und nach §§ 1004, 823 BGB vorbeugend einen Unterlassungsanspruch gewähren.[653] Nur im Falle eines besonders schwerwiegenden Eingriffs kann die Zahlung eines Schmerzensgeldes gerechtfertigt sein.[654]

Im Folgenden wird zunächst anhand eines historischen Überblicks die Anerkennung der persönlichkeitsrechtlichen Seite des Erfinderrechts erörtert (I.). Im Anschluss wird den Gründen für die schwache persönlichkeitsrechtliche Ausprägung des Patentrechts nachgegangen (II.). Abschließend wird erörtert, ob Unternehmen bei der Veräußerung von technischen Schutzrechten eine vergleichbare Schutzbedürftigkeit aufweisen wie der Urheber bei der Einräumung von Nutzungsrechten gegenüber Verwertern (III.).

I. Die Anerkennung der persönlichkeitsrechtlichen Seite des Erfinderrechts

Da das Patentgesetz von 1877 den Erfinder mit keinem Wort erwähnte, fiel es der Literatur schwer, das Recht des Erfinders an seiner Erfindung zu begründen.[655]

651 *Keukenschrijver*, in: Busse/ Keukenschrijver, PatG, § 6 Rn. 12, § 37 Rn. 8, § 63 Rn. 8; *Götting*, Gewerblicher Rechtsschutz, § 18 Rn. 2 ff.; *Schäfers/ Schwarz*, in: Benkard, PatG, § 63 Rn. 2; *Haedicke*, in: Haedicke/ Timmann, Patentrecht, § 3 Rn. 10; *Hubmann*, Gewerblicher Rechtsschutz, S. 113 f.; *Preu*, FS Hubmann, S. 349; *Schmidt*, Erfinderprinzip und Erfinderpersönlichkeitsrecht, S. 1; *Benkard*, GRUR 1950, 481 (489).

652 *BGH* GRUR 1978, 583 (585) – Motorkettensäge; *BGH* GRUR 1994, 104 (105) – Akteneinsicht XIII; *Keukenschrijver*, in: Busse/ Keukenschrijver, PatG, § 6 Rn. 12.

653 *OLG Frankfurt* GRUR 1964, 561 (561 f.) – Plexiglas; *Preu*, FS Hubmann, S. 349.

654 *OLG Frankfurt* GRUR 1964, 561 (562) – Plexiglas.

655 *Osterrieth*, Gewerblicher Rechtsschutz, S. 81. – Dazu neuerdings *Schmidt*, Erfinderprinzip und Erfinderpersönlichkeitsrecht, S. 37.

Erst nachdem *Gareis* und *Gierke* Ende des 19. Jahrhunderts eine persönlichkeitsrechtliche Seite des Erfinderrechts begründeten, verlieh die Literatur zum Patentrecht der Tätigkeit des Erfinders Anerkennung.

Für *Gierke* (1895) gehörte das Erfinderrecht zu den Rechten an der eigenen Person.[656] Die Erfindung selbst stelle ein rechtlich anerkanntes Persönlichkeitsgut dar.[657] Das Erfinderrecht erschöpfe sich nicht in der Patenterteilung, sondern „theilt sich mit allen anderen Persönlichkeitsrechten den allgemeinen Anspruch auf Anerkennung, kraft dessen sein Träger von Jedermann verlangen kann, daß er das fremde Persönlichkeitsgut als solches achte und sich nicht als das eigene anmaße".[658]

Rudolf Klostermann (1877) hob hervor, dass das Recht der Persönlichkeit dem Erfinder einen Schutz gegen eine fremde Anmaßung seiner Erfindung gewähre.[659] *Albert Osterrieth* (1908) leitete den Anspruch auf Anerkennung der Erfinderehre aus dem Recht der Persönlichkeit ab, welches auch im Gewerblichen Rechtsschutz den geistig Tätigen schützen müsse. Über die Anerkennung der Erfinderehre hinaus spiele, so *Osterrieth* weiter, der Erfinder allerdings keine Rolle im deutschen Patentrecht.[660] *Kohler* (1900) ging sogar einen Schritt weiter und bezeichnete es als einen Verstoß „gegen die Menschenrechte", sofern der Erfinder nicht „den Ruhm der Erfindung für sich" beanspruchen könne.[661]

Im Jahre 1936 wurde das Recht des Erfinders auf Nennung bei der Bekanntmachung über die Patenterteilung und auf der Patentschrift in § 36 Abs. 1 PatG 1936 geregelt. In diesem erstmals gesetzlich verankerten Recht auf Erfindernennung sah die Literatur die endgültige Bestätigung, dass dem Erfinderrecht eine persönlichkeitsrechtliche Seite in Form der Erfinderehre innewohne.[662]

II. Das Erfinderpersönlichkeitsrecht als schwache Rechtsposition

Die folgenden Ausführungen werden zeigen, dass das Erfinderpersönlichkeitsrecht im Vergleich zum Urheberpersönlichkeitsrecht eine schwache

656 *Gierke*, Deutsches Privatrecht Bd. I, S. 856.

657 *Gierke*, Deutsches Privatrecht Bd. I, S. 873.

658 *Gierke*, Deutsches Privatrecht Bd. I, S. 873.

659 *Klostermann*, Jenaer Literaturzeitung Nr. 29 (1879), 397 (398).

660 *Osterrieth*, Gewerblicher Rechtsschutz, S. 80. Darüber hinaus setzen sich weitere Autoren für die Anerkennung der Erfinderehre ein, *Schanze*, GRUR 1902, S. 65 (65 ff.); *Damme*, Deutsches Patentrecht, S. 205; *Allfeld*, Gewerblicher Rechtsschutz, S. 10.

661 *Kohler*, Handbuch Patentrecht, S. 236.

662 *Klauer/ Möhring*, PatG, Einleitung S. 57, 59; *Benkard*, GRUR 1950, 481 (489); *Ehlers*, GRUR 1950, 359 (359).

Rechtsposition darstellt und im Patentrecht nur eine untergeordnete Rolle spielt. Wie darzulegen sein wird, ist Ausgangspunkt hierfür die weniger starke Bindung des Erfinders zu seiner Erfindung, die durch die fehlende individuelle Prägung einer Erfindung begründet ist. Insbesondere hindert das Erfinderpersönlichkeitsrecht den Erfinder bzw. Patentinhaber nicht an der translativen Übertragung des Schutzrechts. Anhand der unterschiedlichen Ausprägung des Erfinder- und Urheberpersönlichkeitsrechts wird der Frage nachgegangen, welche Auswirkungen das wenig bedeutende Erfinderpersönlichkeitsrecht auf die Anwendbarkeit der Zweckübertragungslehre im Patentrecht hat.

1. *Divergierende Schutzgegenstände*

Ein bedeutender Unterschied zwischen einer Erfindung und einem urheberrechtlichen Werk besteht in der Individualität der Schöpfungsleistung, welche urheberrechtliche Werke prägt und bei Erfindungen nur in einer geringen Form vorhanden ist. Gemäß § 1 Abs. 1 PatG werden Patente für Erfindungen auf allen Gebieten der Technik erteilt, sofern sie neu sind, auf einer erfinderischen Tätigkeit beruhen und gewerblich anwendbar sind. Die Vorschrift verdeutlicht, dass der Schwerpunkt der Erfindung auf deren technischen Charakter liegt. An die Individualität des Erfinders stellt die Norm dagegen keine allzu hohen Anforderungen. Die technische Prägung des Patentrechts bestätigt auch die Definition des BGH: Dem Patentschutz ist jede Lehre zum planmäßigen Handeln unter Einsatz beherrschbarer Naturkräfte zur Erreichung eines kausal übersehbaren Erfolgs zugänglich.[663] Da die Erfindung kein Phantasiegebilde darstellt und der Erfinder bei einer Erfindung an bestehende Naturgesetze gebunden ist, bleibt der konkreten Ausdrucksform des Erfinders nur ein geringer Spielraum.[664] Der Erfindungsgedanke ist gerade nicht durch die „Einmaligkeit des individuellen Geistes“[665] gekennzeichnet, weist „keine eigenpersönliche Prägung“[666] auf und löst lediglich „ein technisches Problem durch Anwendung in der Natur vorgefundener Gesetze“.[667] Damit entsteht die Erfindung ohne Eigenart der Person,

---

663 *BGH* GRUR 1969, 672 – Rote Taube.

664 *Kohler*, MuW 16, 117 (117 f.); *Osterrieth*, Altes und Neues zur Lehre des Urheberrechts, S. 62; *Tetzner*, PatG, § 1 Anm. 6, S. 40. – Dazu neuerdings *Lang*, Persönlichkeitsrecht und Persönlichkeitsschutz, S. 34 ff., 44; *Götting*, Gewerblicher Rechtsschutz, § 4 Rn. 9, § 11 Rn. 21; *Troller*, Immaterialgüterrecht, Bd. I, S. 85 f.; *Knap*, FS Troller, S. 124 f.; *Merkl*, Der Begriff des Immaterialgüterrechts, S. 34.

665 *Hubmann*, Gewerblicher Rechtsschutz, S. 37.

666 *Kraßer/ Ann*, Patentrecht, § 11 I. 2. Rn. 5.

667 *Peifer*, Individualität im Zivilrecht, S. 117 m.w.N.

die sie hervorgebracht hat und ist allenfalls durch eine objektbezogene Individualität gekennzeichnet. Auch besteht das Ziel des Patentschutzes weder in der Zuordnung eines Gegenstandes zu einer Person noch im Schutz der persönlichen Individualität des Erfinders.[668] Vielmehr soll dem Erfinder durch die Patenterteilung auf Grund seines geleisteten schöpferischen Beitrages für die Gesellschaft und der Bereicherung der Technik ein Ausschließlichkeitsrecht verliehen werden.[669]

Da eine Erfindung durch die Kombination von bislang unbekannten Naturkräften im Bereich der Technik geschaffen wird und kaum durch die Person des Erfinders geprägt ist, sind auch Doppelerfindungen möglich. Die Möglichkeit der Doppelerfindung zeigt ebenfalls, dass Erfindungen nicht an die Identität eines bestimmten Erfinders gebunden sind,[670] sondern „in der Luft"[671] liegen und von jedermann – mit demselben Fachwissen – hervorgebracht werden können.[672] Somit ist der Erfinder in seiner Person gewissermaßen „austauschbar".

Im Gegensatz zu Erfindungen stellen urheberrechtliche Werke persönlich-geistige Schöpfungen dar, die durch eine subjektbezogene Individualität geprägt sind.[673] Durch das urheberrechtliche Werk tritt die persönliche geistige Schöpfung als Ausdruck des individuellen Geistes von der Innenwelt des Urhebers in die Außenwelt. In einem Kunstwerk oder einem Roman bringt der Urheber seine Persönlichkeit zum Ausdruck, wodurch es *sein* Werk wird. Diese subjektbezogene Individualität spiegelt sich im Zweck des Urheberrechts wieder, die individuelle geistige oder künstlerische Leistung zu schützen.[674]

---

668 *Peifer,* Individualität im Zivilrecht, S. 328.

669 *Fitzner,* in: BeckOK PatR, § 1 Rn. 5; *Peifer,* Individualität im Zivilrecht, S. 328. Gerechtfertigt wird die Verleihung des Ausschlussrechts mit der Belohnungs-, Eigentums-, Anspornungs- und Offenbarungstheorie (Vertragstheorie). Ausführlich hierzu *Machlup,* Die wirtschaftlichen Grundlagen des Patentrechts, 1962; *ders,* GRUR Int. 1961, 373–390, 473–482, 524–537.

670 *Osterrieth,* Gewerblicher Rechtsschutz, S. 9. – Dazu neuerdings *Vocke,* Das Persönlichkeitsrecht des Erfinders, S. 125.

671 *Tetzner,* PatG, § 1 Anm. 6, S. 40. – Dazu neuerdings *Götting,* Gewerblicher Rechtsschutz, § 15 Rn. 6.

672 *Tetzner,* PatG, § 1 Anm. 6, S. 40. – Dazu neuerdings *Lang,* Persönlichkeitsrecht und Persönlichkeitsschutz, S. 34 ff.

673 *Peifer,* Individualität im Zivilrecht, S. 328. Ähnlich *Simon,* Das allgemeine Persönlichkeitsrecht, S. 88.

674 *Kohler,* MuW 16, 117 (117 f.); *Osterrieth,* Altes und Neues zur Lehre des Urheberrechts, S. 62; *Tetzner,* PatG, § 1 Anm. 6, S. 40; *Ulmer,* Urheber- und Verlagsrecht, § 15 § V. 1., S. 76 f. – Dazu neuerdings *Wiebe,* in: Spindler/ Schuster, UrhG, § 2 Rn. 2; *Loewenheim, in:* ders., Handbuch des Urheberrechts, § 6 Rn. 13; *Lang,* Persönlichkeitsrecht und

Dies besagt bereits die Definition des § 2 Abs. 2 UrhG, wonach ein Werk im Sinne des UrhG nur „persönlich geistige Schöpfungen" sein können.[675] Da die „schöpferische Eigentümlichkeit"[676] eines jeden Urhebers so unterschiedlich und verschieden ist, kommen unabhängig voneinander stattfindende, gleichzeitige Schöpfungen desselben urheberrechtlichen Werkes äußerst selten vor.[677] Bei Computerprogrammen gestaltet sich das Kriterium der Individualität dagegen als schwieriger, weshalb das UrhG nur dann einen Schutz für Computerprogramme gewährt, wenn sie eine eigene geistige Schöpfung des Urhebers sind (§ 69a Abs. 3 UrhG).[678]

2. *Erfinderpersönlichkeitsrecht und Urheberpersönlichkeitsrecht*

Die urheberpersönlichkeitsrechtliche Komponente der Zweckübertragungslehre garantiert dem Urheber durch Zurückbehaltung umfassender Nutzungsrechte die Aufrechterhaltung der engen geistigen und persönlichen Bindung zu seinem Werk. Die nachfolgenden Ausführungen werden darlegen, dass trotz der begrifflichen Nähe des Erfinderpersönlichkeitsrechts zum Urheberpersönlichkeitsrecht keine vergleichbar starke Verbindung des Erfinders zu seiner Erfindung besteht. In einem weiteren Schritt wird dann Gegenstand der Untersuchung sein, wie sich die schwache Bindung des Erfinders an seine Erfindung auf die Anwendung der Zweckübertragungslehre im Patentrecht auswirkt.

a. *Urheberpersönlichkeitsrecht*

Aus der starken individuellen Prägung des Urheberrechts folgt, dass den Urheber ein „geistiges Band"[679] mit seinem Werk verbindet. Die enge geistige

---

Persönlichkeitsschutz, S. 34 ff., 44; *Götting*, Gewerblicher Rechtsschutz, § 11 Rn. 21; *Vocke*, Das Persönlichkeitsrecht des Erfinders, S. 125; *Troller*, Immaterialgüterrecht, Bd. I, S. 85 f.; *Knap*, FS Troller, S. 124 f.; *Merkl*, Der Begriff des Immaterialgüterrechts, S. 34.

675 *Loewenheim*, in: ders., Handbuch des Urheberrechts, § 6 Rn. 13; *Loewenheim*, in: Schricker/ Loewenheim, UrhG, § 2 Rn. 33, 45 f., *Götting*, Gewerblicher Rechtsschutz, § 4 Rn. 4; *ders.*, Handbuch des Persönlichkeitsrechts, § 4 Rn. 10; *Pierson/ Ahrens/ Fischer*, Geistiges Eigentum, S. 336.

676 *Schulze*, in: Dreier/ Schulze, UrhG, § 2 Rn. 18.

677 Wenn überhaupt kommen Doppelschöpfungen im Bereich der kleinen Münze vor, *Loewenheim*, in: Loewenheim, Handbuch des Urheberrechts, § 8 Rn. 29 m.w. N. aus der Rspr.

678 *OLG Karlsruhe* GRUR 1994, 726 (729).

679 *Schack*, Urheber- und Urhebervertragsrecht, Rn. 339.

Bindung zwischen dem Urheber und seinem Werk, das durch das Urheberpersönlichkeitsrecht geschützt wird, bleibt selbst dann bestehen, wenn der Urheber sein Werk in die Außenwelt freigibt und in den Rechtsverkehr entlässt.[680] Die Anerkennung einer besonderen und unauflöslichen Verbundenheit des Urheberrechts mit der Persönlichkeit des Urhebers wird auch durch die Unübertragbarkeit des Urheberrechts gemäß § 29 Abs. 1 UrhG deutlich.[681]

Indem die Vorschrift des § 15 UrhG dem Urheber hinsichtlich zahlreicher körperlicher und unkörperlicher Formen der Verwertung Ausschließlichkeitsrechte zusichert, verdeutlicht der Gesetzgeber, dass es allein die Entscheidung des Urhebers ist, ob und in welcher Form sein Werk in die Öffentlichkeit gelangen soll. Da dem Werk die Eigenart und die Persönlichkeit des Urhebers innewohnt, soll nur dieser selbst die Herrschaft über sein Werk haben. Kein Dritter hat somit die Möglichkeit, über einen Teil der Persönlichkeit des Urhebers zu verfügen, den dieser nach außen gekehrt hat.

Die große Bedeutung des Urheberpersönlichkeitsrechts für das Urheberrecht offenbart sich in den Vorschriften des UrhG. Gemäß § 11 UrhG schützt das Urheberrecht den Urheber in seiner geistigen und persönlichen Beziehung zum Werk und in dessen Nutzung. Damit gewährleistet das Urheberrecht ausdrücklich das Urheberpersönlichkeitsrecht.[682] Ferner trägt der zweite Unterabschnitt des vierten Abschnitts des UrhG den amtlichen Titel „Urheberpersönlichkeitsrecht" und steht in dem Abschnitt noch vor den Verwertungsrechten.

b. Erfinderpersönlichkeitsrecht

Demgegenüber normiert das Patentgesetz das Erfinderpersönlichkeitsrecht weder ausdrücklich noch weist es vergleichbare Normen zum Schutze der Persönlichkeit des Erfinders auf. Seit Inkrafttreten der Neufassung des Patentgesetzes im Jahre 1981 wird das Erfinderpersönlichkeitsrecht, das allein in der

---

680 *Loewenheim/ Peifer,* in: Schricker/ Loewenheim, UrhG, § 11 Rn. 5; *Troller,* Urheberpersönlichkeitsrecht, S. 43; *Bullinger,* in: Wandtke/ Bullinger, UrhG, Vor §§ 12 ff. Rn. 1, 16; *Fromlowitz,* Das Urheberpersönlichkeitsrecht, S. 20, 108; *Müsse,* Urheberpersönlichkeitsrecht, S. 35; *Krüger-Nieland,* FS Hauß, S. 219; *Ann,* in: Obergfell, Urhebervertragsrecht, S. 95.

681 *Götting,* in: Götting/ Schertz/ Seitz, Handbuch Persönlichkeitsrecht, § 4 Rn. 7; *Haedicke,* in: Haedicke/ Timmann, Patentrecht, § 3 Rn. 10; *Troller,* Immaterialgüterrecht, Bd. I, S. 85 f.; *Knap,* FS Troller, S. 124 f.; *Schulze,* in: Dreier/ Schulze, UrhG, UrhG, Einl. Rn. 29.

682 *Schack,* Urheber- und Urhebervertragsrecht, Rn. 339; *Kroitzsch/ Götting,* in: BeckOK UrhR, § 11 Rn. 5; *Müsse,* Urheberpersönlichkeitsrecht, S. 36.

Erfinderehre zum Ausdruck kommt,[683] durch die §§ 37 Abs. 1, 63 Abs. 1 PatG in dem dritten Abschnitt des Gesetzes unter „Verfahren in Patentsachen" geregelt. Wäre das Erfinderpersönlichkeitsrecht allerdings im Patentrecht von herausragender Bedeutung, wäre es wohl gesondert in einer einheitlichen Norm geregelt worden und nicht in zwei unterschiedlichen Vorschriften, die lediglich den formalen Voraussetzungen der Patentanmeldung dienen.

Während der Urheber gemäß § 13 UrhG einen Anspruch auf Anerkennung seiner Urheberschaft am Werk hat und bestimmen kann, ob das Werk mit einer Urheberbezeichnung zu versehen ist, steht dem Erfinder lediglich ein Anspruch auf Nennung bei der Patentanmeldung, in der Offenlegungsschrift, auf der Patentschrift und in der Veröffentlichung der Erteilung des Patents zu (vgl. §§ 37 Abs. 1, 63 Abs. 1 PatG). Zudem steht der Erfinder auf der Patenturkunde, die das Deutsche Patent- und Markenamt dem Schutzrechtsinhaber als gedruckte Urkunde über die Eintragung des Patents in das Register anfertigt (vgl. § 21 Abs. 1 DPMAV). Einen allgemeinen Anspruch auf eine namentliche Nennung bei Veräußerung, Gebrauch oder Nutzung der Erfindung und damit Anerkennung seiner Erfinderschaft im Rechts- und Wirtschaftsverkehr hat der Erfinder allerdings nicht. Dagegen kann der Autor eines Buches oder der Komponist eines musikalischen Stückes jederzeit verlangen, als Urheber des Werkes genannt zu werden. Die Öffentlichkeit erfährt somit, wer der Schöpfer des Werkes ist. Im Unterschied dazu kann der Erfinder seine Nennung nur auf amtlichen Verfahrenspapieren geltend machen. Sofern die Öffentlichkeit keinen Einblick in das Patentblatt nimmt, wird der eigentliche Erfinder nicht bekannt. Gleiches gilt für die Patenturkunde, die nur dem Schutzrechtsinhaber selbst ausgestellt wird, nicht aber der Öffentlichkeit allgemein zugängig ist. Überwiegend wird die Erfindung ohnehin mit dem Unternehmen in Verbindung gebracht, welches sie vermarktet und verkauft. Dadurch bleiben dem Erfinder die öffentliche Anerkennung und der wissenschaftliche Ruf verwehrt.[684]

---

683 *Tetzner*, PatG, § 36 Anm. 1, S. 39, 498; *Kent*, PatG, S. 43; *Buselmeier*, Die Übertragung eines Patents, S. 1. – Dazu neuerdings *Peifer*, Individualität im Zivilrecht, S. 118; *Götting*, Gewerblicher Rechtsschutz, § 5 Rn. 23 f.; *Loewenheim/ Flechsig*, in: Loewenheim, Handbuch des Urheberrechts, § 3 Rn. 12; *Merkel*, Möglichkeiten und Grenzen einer Anwendung der Zweckübertragungstheorie, S. 70, *Preu*, FS Hubmann, S. 353 f.; *Vocke*, Das Persönlichkeitsrecht des Erfinders, S. 14; *Kraßer/ Ann*, Patentrecht, § 19 IV. 3. Rn. 44, § 20 IV. a) Rn. 121 ff.

684 *Ehlers*, GRUR 1950, 359 (359 f.), der die Frage aufwirft, ob der Erfinder auch außerhalb der amtlichen Veröffentlichung die Nennung seines Namens verlangen kann.

Der fehlende Anspruch des Erfinders, außerhalb von patentamtlichen Veröffentlichungen als solcher benannt zu werden, verdeutlicht, dass es für den Rechtsverkehr vergleichsweise unerheblich ist, wer die Erfindung getätigt hat, da die Erfindung nicht an die Individualität der Person des Erfinders gebunden ist. Vielmehr hätte die Erfindung auch von einer beliebig anderen Person mit demselben Fachwissen erbracht werden können. Die Verwendung des Begriffs „Erfinderpersönlichkeitsrecht" erscheint wie ein Kompromiss, den Erfinder in irgendeiner Art für seine erfinderische Tätigkeit zu würdigen. Der Begriff erweckt jedoch den Anschein, dass der Erfinder eine – dem Urheber ähnliche – persönlichkeitsrechtliche Beziehung zu seiner Erfindung hat. Auch die fehlende ausdrückliche Erwähnung des Erfinderpersönlichkeitsrechts im Patentgesetz zeigt, dass das Erfinderpersönlichkeitsrecht für den Gesetzgesetz nur von untergeordneter Bedeutung ist. Die ausschließliche Würdigung der Erfindereigenschaft in der Benennung des Erfinders in den Verfahrenspapieren verdeutlicht die geringe Ausprägung des Erfinderpersönlichkeitsrechts.

Im Gegensatz zum Urheberrecht können daher auch das Erfinderrecht ebenso wie der Anspruch auf Erteilung des Patents und das Recht aus dem Patent unbeschränkt oder beschränkt auf andere übertragen werden (§ 15 Abs. 1 S. 2 PatG). Sowohl der Erfinder als auch der Patentinhaber kann somit frei über sein Recht disponieren und vollständig das Recht an der Erfindung oder dem Patent verlieren. Diese Möglichkeit der Übertragung des Erfinder- und Patentrechts unterstreicht zum einen die schwache Ausprägung des Erfinderpersönlichkeitsrechts,[685] da der Erfinder bzw. Patentinhaber nicht an dem vollständigen Verlust seiner Rechte gehindert wird. Zum anderen zeigt sie, dass weder die Erfindung noch das Patent abhängig vom ihrem Inhaber sind. Der Inhaber ist vielmehr austauschbar.

Die schwache Ausprägung des Erfinderpersönlichkeitsrechts resultiert daher, dass der Erfinder bei der Schöpfung seiner Erfindung an bestehende Naturgesetze gebunden ist und ihm kein Raum für seine individuelle Entfaltung bleibt. Somit geht eine Aufgabe von Rechten an der Erfindung nicht mit einer Aufgabe von Teilen seiner Persönlichkeit einher. Überdies sorgt die stetig zunehmende Komplexität der technologischen Entwicklung dafür, dass Erfindungen bzw. Weiterentwicklungen von Erfindungen nicht mehr von einem Erfinder alleine getätigt werden, sondern in der Regel von einer Gruppe von Arbeitnehmererfindern, die

---

685 *Haedicke*, in: Haedicke/ Timmann, Patentrecht, § 3 Rn. 10; *Götting*, in: Götting/ Schertz/ Seitz, Handbuch Persönlichkeitsrecht, § 4 Rn. 7; *Ann*, in: Obergfell, Urhebervertragsrecht, S. 93.

unter anderem als Miterfinder tätig sein können.[686] Sobald Erfindungen oder Weiterentwicklungen von Erfindungen durch Teamarbeit getätigt werden, ist nur noch ein beschränkter Teil an Einzelleistung des einzelnen Erfinders vorhanden. An dieser Stelle besteht – wenn überhaupt – nur eine schwache persönliche Prägung des einzelnen Erfinders, zumal dieser oftmals nur in Zusammenarbeit mit anderen Erfindern die bereits bestehenden Gedanken des ursprünglichen Erfinders aufgreift und die Erfindung optimiert. Noch weniger wird die Persönlichkeit des Erfinders tangiert, wenn die Erfindung nach Patenterteilung veräußert wird. Ab dem Zeitpunkt der Patenterteilung geht die persönlichkeitsrechtliche Komponente so weit zurück, dass das Patentrecht – anders als das Urheberrecht – als Vermögensrecht angesehen wird.[687]

c. Zwischenergebnis

Es bleibt abschließend festzuhalten, dass das Erfinderpersönlichkeitsrecht keinen vergleichbaren Einfluss innerhalb des Patentrechts hat, wie das Urheberpersönlichkeitsrecht innerhalb des Urheberrechts. Während das Urheberpersönlichkeitsrecht seinem Inhaber die fortdauernde Herrschaft über das Werk verleiht und ihn an der Übertragung des Urheberrechts hemmt, ist das Erfinderpersönlichkeitsrecht im Patentrecht von weitaus geringerer Bedeutung. Die schwache Bedeutung des Erfinderpersönlichkeitsrechts zeigt sich insbesondere darin, dass es dem Erfinder lediglich einen Anspruch auf Erfindernennung in den patentamtlichen Verfahrenspapieren zusichert. An der Übertragung des Erfinder- und Patentrechts hindert das Erfinderpersönlichkeitsrecht den Erfinder jedenfalls nicht.

Die persönlichkeitsrechtlichen Aspekte, die der Zweckübertragungslehre zugrunde liegen, sorgen für eine Aufrechterhaltung der engen geistigen und persönlichen Bindung des Urhebers zu seinem Werk. Aus diesem Grund soll der Urheber bei Anwendung der Zweckübertagungslehre nicht mehr Rechte an den Erwerber übertragen, als es zur Erreichung des Vertragszwecks erforderlich

686 *Kraßer/ Ann,* Patentrecht, § 21 I a 1 Rn. 1; *Götting,* Gewerblicher Rechtsschutz, § 7 Rn. 3, 101; *Reimer/ Schade/ Schippel,* Das Recht der Arbeitnehmererfindung, § 5 Rn. 23; *Himmelmann,* Vergütungsrechtliche Ungleichbehandlung, S. 152 ff.

687 *Tetzner,* PatG, § 36 Anm. 1, S. 39, 498; *Kent,* PatG, S. 43; *Buselmeier,* Die Übertragung eines Patents, S. 1. – Dazu neuerdings *Peifer,* Individualität im Zivilrecht, S. 118; *Götting,* Gewerblicher Rechtsschutz, § 5 Rn. 23 f.; *Merkel,* Möglichkeiten und Grenzen einer Anwendung der Zweckübertragungstheorie, S. 70; *Preu,* FS Hubmann, S. 353 f.; *Vocke,* Das Persönlichkeitsrecht des Erfinders, S. 14; *Haedicke,* in: Haedicke/ Timmann, Patentrecht, § 4 Rn. 19.

ist. Über den Vertragszweck hinausgehende Rechte bleiben beim Urheber zurück, damit diese weiterhin Bestandteil seiner Persönlichkeitssphäre bleiben. Im Patentrecht liegt jedoch keine vergleichbar enge Bindung des Erfinders zu seiner Erfindung vor. Der Erfinder muss damit nicht durch die umfangreiche Zurückbehaltung von Rechten vor dem Verlust der persönlichen Verbindung zu seiner Erfindung geschützt werden. Damit liegt zumindest hinsichtlich der persönlichkeitsrechtlichen Seite der Zweckübertragungslehre keine vergleichbare Interessenlage vor, die die Übertragung der Zweckübertragungslehre begründen könnte.

C. Das Bedürfnis des Einzelerfinders an einer angemessenen Beteiligung an der Verwertung seines Schutzrechts

Der Zweckübertragungslehre wohnen neben den persönlichkeitsrechtlichen Interessen auch die vermögensrechtlichen Interessen des Urhebers inne. Auf vermögensrechtlicher Seite wird die Zurückbehaltung eines größtmöglichen Umfangs an Nutzungsrechten mit der angemessenen Beteiligung des Urhebers an den finanziellen Erträgen der Verwertung seines Werkes begründet.[688] Überträgt man diesen Gedanken auf das Patentrecht, könnte die Zurückbehaltung von umfangreichen Rechten im Sinne der Zweckübertragungslehre dem freien Erfinder ebenfalls eine angemessene Vergütung sichern.

80–90% aller Erfindungen werden von Arbeitnehmererfindern getätigt,[689] so dass der Einzelerfinder eher selten geworden ist.[690] Bereits vor Erlass des Arbeitnehmererfindungsgesetzes im Jahre 1956 stammte die Mehrzahl der Erfindungen von Arbeitnehmern.[691] Trotz der vergleichsweise geringen Anzahl an freien Erfindungen, muss sich für die Gewinnung eines differenzierten Urteils über die Anwendbarkeit der Zweckübertragungslehre im Patentrecht auch mit der vermögensrechtlichen Interessenlage des Einzelerfinders auseinandergesetzt werden. In den wenigen Entscheidungen, bei denen die Zweckübertragungslehre zur Auslegung von nicht eindeutigen und zweifelhaften Verträgen im Bereich des Patentrechts herangezogen wurde, war jeweils ein Einzelerfinder die veräußernde Vertragspartei. In diesen Fällen begründe es der „Erfahrungssatz“[692],

---

688 Statt vieler *Schulze,* in: Dreier/ Schulze, UrhG, § 31 Rn. 110.

689 *Bartenbach/ Volz,* ArbNErfG, Einl. Rn 2.

690 *Bartenbach/ Volz,* ArbNErfG, Einl. Rn 2.

691 BT-DR 2/1648, S. 12.

692 *BGH* GRUR 2000, 788 (789) –Gleichstromsteuerschaltung.

dass der Erfinder in der Regel von seinen Rechten so wenig wie möglich aufgeben wolle.[693]

Die geringe Anzahl an frei tätigen Erfindern könnte darin begründet liegen, dass ein Einzelerfinder im Gegensatz zu einem angestellten Erfinder während der Entwicklung seiner Erfindung keinen Arbeitslohn erhält. Dadurch muss der freie Erfinder nicht nur selbst für seinen Lebensunterhalt aufkommen, sondern trägt zudem das Risiko des Verwertungserfolgs seiner Erfindung. Verkauft ein freier Erfinder die Erfindung nicht schon in einem frühen Entwicklungsstadium an einen Verwerter, muss der Erfinder die oftmals hohen Entwicklungskosten und ggf. die Kosten für die Patentanmeldung selbst tragen. Für alle Kosten tritt der Einzelerfinder freilich in Vorleistung.[694] Mit der Verwertung seiner Erfindung verfolgt der Einzelerfinder deshalb das Ziel, einen angemessenen Gegenwert für die Leistung der Erfindung, die Abdeckung des Investitions- und Innovationsaufwands und die tatsächliche Verbreitung bzw. Anwendung der Erfindung zu erlangen.[695] Da der Einzelerfinder die wirtschaftliche Auswertung der patentierbaren Erfindung nur in wenigen Fällen selbst vornimmt,[696] muss sich der freie Erfinder zur Verwertung seiner Erfindung an verwertende Unternehmen wenden. Wie bereits der freie Urheber, der finanziell auf die Verwertung seines Werkes durch die Verwertungsgesellschaften angewiesen ist, befindet sich auch der freie Erfinder in der deutlich schwächeren Verhandlungsposition gegenüber den verwertenden Unternehmen. Bietet der Einzelerfinder einem Unternehmen seine Erfindung bzw. sein Patent an, kann das Unternehmen einseitig die Vertragsbedingungen diktieren, zumal der freie Erfinder finanziell von der Verwertung seines Schutzrechts abhängig ist.[697] Zudem besteht bei einem juristisch nicht erfahrenen Erfinder die Gefahr, dass sich dieser aus wirtschaftlicher Not auf weitreichende Rechtseinräumungen einlässt. Das Aushandeln einer angemessenen Vergütung wird dem Einzelerfinder auch dadurch erschwert, dass die meisten Unternehmen ihre eigenen Arbeitnehmer haben, die für sie erfinderisch tätig werden. Die Erfindungen der freien Erfinder konkurrieren dann mit den unternehmenseigenen Erfindungen. Da die Unternehmen ihren

693 *RG* GRUR 1937, 1001, 1002 f. – Straßenfahrbahn I; *BGH* GRUR 2000, 788 (789) – Gleichstromsteuerschaltung.

694 *Kraßer/ Ann,* Patentrecht, Vor §§ 40–42, Rn. 1; *Merkel,* Zweckübertragungstheorie, S. 107; *Ulmer,* GRUR Int. 1968, 1 (6).

695 *Kraßer/ Ann,* Patentrecht, Vor §§ 40–42, Rn. 1; *Schade,* GRUR 1977, 390 (392).

696 *Kraßer/ Ann,* Patentrecht, Vor §§ 40–42 Einf. 1. Rn. 1.

697 *Brandner,* GRUR 1993, 173 (174); *Danner,* GRUR 1974, 241 (243 f.).

Arbeitnehmererfindern enorme Forschungs- und Entwicklungsmöglichkeiten bieten, ist die Bedeutung des Einzelerfinders geschwächt worden.[698]

Freilich dürfen nicht solche Erfindungen von Einzelerfindern außen vor gelassen werden, die für Unternehmen von großer Bedeutung und außergewöhnlichem Nutzen sind. Weisen Unternehmen ein ausgeprägtes Interesse an einer solchen Erfindung auf, sind sie oftmals bereit, den Einzelerfinder stärker in die Vertragsverhandlungen einzubeziehen und die Vertragsbedingungen eben nicht einseitig zu diktieren. In diesen Fällen kann der freie Erfinder von einer hohen Vergütungszahlung profitieren. Allerdings befinden sich nur die wenigsten Einzelerfinder in einer derart privilegierten Lage, die Vertragsbedingungen zu ihren Gunsten mitgestalten zu können,[699] zumal die weit überwiegende Anzahl aller Erfindungen ohnehin von angestellten Erfindern getätigt werden.

Wie die vorstehenden Ausführungen zeigen, ist das Bedürfnis des freien Erfinders an einer angemessenen Beteiligung an den Erträgen der Verwertung seines Schutzrechts vergleichbar mit dem vermögensrechtlichen Interesse des freien Urhebers an einer angemessenen Vergütung der Nutzungsrechtseinräumung. Sowohl der Erfinder als auch der Urheber ist finanziell auf die Verwertung seiner Erfindung bzw. seines Werkes durch die Verwerter angewiesen, zumal sie keinen fortlaufenden Arbeitslohn erhalten, um ihren Lebensunterhalt zu bestreiten. Durch diese finanzielle Abhängigkeit willigen sie – oft aus rechtlicher Unkenntnis – in die umfangreiche Verwertung ihrer Schutzgüter und die pauschale Vergabe umfangreicher Rechte ein, ohne eine angemessene Gegenleistung zu erhalten. Während die Zweckübertragungslehre im Urheberrecht dem Vertragsgefälle zwischen dem Urheber und dem Erwerber Abhilfe verschafft und korrigierend in den Vertrag eingreift, steht der Einzelerfinder ohne ein vergleichbares Schutzinstrument dar. Um das vermögensrechtliche Interesse des freien Erfinders zu schützen, kann die Zweckübertragungslehre bei der Verwertung von Schutzrechten durch den freien Erfinder herangezogen werden. Bei nicht eindeutigen und zweifelhaften Verträgen beschränkt sich dann der Umfang der Rechtseinräumung auf den Vertragszweck. Alle nicht dem Zweck des Vertrages entsprechenden Nutzungsrechte bleiben beim Erfinder zurück. Diese kann der Erfinder anschließend entweder dem Verwerter erneut gegen Zahlung einer weiteren Lizenzgebühr oder einem anderen Verwerter anbieten.

---

698 *Merkel*, Zweckübertragungstheorie, S. 116.

699 *Danner*, GRUR 1974, 241 (243 f.).

Da die Zweckübertragungslehre keine einseitig begünstigende Auslegungsregel darstellt,[700] darf die Lehre auch im Erfinderrecht nicht einseitig zugunsten des Erfinders angewendet werden. Vielmehr sind dem verwertenden Unternehmen dann umfassende Nutzungsrechte einzuräumen, sofern dies der Vertragszweck rechtfertigt. Die Zweckübertragungslehre nimmt damit einen Interessenausgleich zwischen dem Einzelerfinder und dem verwertenden Unternehmen vor und lenkt korrigierend ein, um dem freien Erfinder eine gerechte Beteiligung an den Früchten der Verwertung seiner Erfindung zu sichern. Verfolgt man den Gedanken der Zweckübertragungslehre im Erfinderrecht weiter, ist bei einer Auslegung des Vertrages im Zweifel von einer Lizenzeinräumung und nicht von einer Übertragung des Vollrechts auszugehen.[701] Gleichmaßen möchte der Einzelerfinder dem Verwerter im Zweifel eine einfache Lizenz und keine ausschließliche Lizenz einräumen. Auf diese Weise kann der Gedanke, dass der Erfinder nur so wenig Rechte wie möglich an den Erwerber übertragen will, konsequent bei der Verwertung durch den Einzelerfinder durchgesetzt werden. Die Übertragung der Zweckübertragungslehre auf Verwertungsgeschäfte des Erfinders steht auch mit der theoretischen Grundlage des Patentrechts in Einklang, wonach dem Erfinder als Belohnung und Ansporn für sein geistiges Tätigwerden die ausschließlichen Verwertungsrechte an seiner Erfindung gesichert werden sollen.[702]

Im Ergebnis lässt sich damit festhalten, dass der Erfinder zwar keine dem Urheber vergleichbare enge persönliche und geistige Verbindung zu seiner Erfindung hat, die die Übertragung der Zweckübertragungslehre aus persönlichkeitsrechtlicher Sicht erfordert. Die vermögensrechtlichen Interessen des Erfinders, die von der Lehre erfasst werden, sind allerdings mit denen des Urhebers vergleichbar, da auch der Erfinder aus finanziellen Gründen nur so wenig wie möglich von seinen Rechten aufgeben will. Auch wenn nur in wenigen Fällen eine Verwertung des Schutzrechts durch einen freien Erfinder vorgenommen wird, ist die dann Heranziehung der Zweckübertragungslehre bei nicht eindeutigen und zweifelhaften Verträgen aus vermögensrechtlicher Sicht geboten.

---

700 Die Zweckübertragungslehre stellt keine Auslegungsregel *zugunsten des Urhebers* dar. Hierzu ausführlich Kapitel 3 B. I.

701 *Merkel*, Zweckübertragungstheorie, S. 117.

702 *Merkel*, Zweckübertragungstheorie, S. 110; *Ulmer*, GRUR Int. 1968, 1 (6); *Machlup*, GRUR Ausl. 1961, 373 (377).

D. Fehlende vergleichbare Schutzbedürftigkeit von veräußernden Unternehmen vor unangemessener Beteiligung an der Verwertung des Schutzrechts

Die weit überwiegende Zahl an Verwertungen von Erfindungen und Patenten findet durch Unternehmen statt. Gegen Zahlung eines Entgelts überlässt der Erfinder bzw. Patentinhaber die wirtschaftliche Auswertung der Erfindung bzw. des Patents Unternehmen, die auf die Verwertung von Schutzrechten spezialisiert sind. Überdies werden 80–90% der Erfindungen ohnehin von Arbeitnehmererfindern getätigt.[703] Zwar entsteht das Recht an der Diensterfindung zunächst beim Arbeitnehmer selbst; die vermögensrechtlichen Befugnisse an der Erfindung gehen aber gemäß § 7 Abs. 1 ArbNErfG auf den Arbeitgeber über. Somit wird in beiden Konstellationen das Unternehmen Inhaber der Schutzrechte.

Der Zweckübertragungslehre liegt allerdings der Gedanke zugrunde, dass der Urheber auf Grund der persönlichen Verbindung zu seinem Werk so wenig Rechte wie möglich aus seiner Persönlichkeitssphäre entlassen möchte. Wie bereits dargelegt, wird die Zurückbehaltung der Rechte nicht nur mit den persönlichkeitsrechtlichen, sondern auch mit den vermögensrechtlichen Interessen des Urhebers begründet. Auf vermögensrechtlicher Seite umfasst die Zweckübertragungslehre das Interesse des Urhebers an einer angemessenen finanziellen Beteiligung an den Früchten der Verwertung seines Werkes. Die Lehre wurde Anfang des 20. Jahrhunderts insbesondere für Einzelurheber entwickelt, die den Verlagen einst das vollständige Urheberrecht an ihren Werken übertragen hatten, an der Weiterübertragung der Rechte allerdings nicht beteiligt wurden.[704]

Veräußert nun ein Unternehmen Rechte an ein anderes Unternehmen, hat dieses keine persönliche Verbindung zu der Erfindung bzw. zu dem Patent. Das Unternehmen hat das Schutzrecht entweder zuvor von einem Einzelerfinder erworben oder ist gemäß § 7 Abs. 1 ArbNErfG Inhaber des Schutzrechts des Arbeitnehmererfinders geworden.[705] In beiden Konstellationen ist die Erfindung durch die geistige Leistung eines Dritten entstanden, so dass von einer geistigen und/oder persönlichen Bindung des Unternehmens zu der Erfindung abzusehen ist. Darüber hinaus bleibt das Erfinderpersönlichkeitsrecht auf Grund seiner Höchstpersönlichkeit stets beim Erfinder zurück und geht nicht auf das Unternehmen über. Bei der Verwertung von Schutzrechten kann sich das veräußernde

703 *Bartenbach/ Volz*, ArbNErfG, Einl. Rn 2.

704 Hierzu umfassend Kapitel 1 F.

705 Das Arbeitnehmererfinderrecht wird ausführlich in Kapitel 4 E. dargestellt.

Unternehmen folglich nicht darauf berufen, einen Teil seiner „Persönlichkeit“ zu verlieren.

Im Urheberrecht müssen neben den finanziellen auch die persönlichen und sozialen Interessen des Urhebers beachtet werden, da die Vergütung des Urhebers der Existenzsicherung und der Verschaffung eines Lebensunterhalts dient. Demgegenüber stehen im Patentrecht ökonomische und wirtschaftspolitische Erwägungen im Vordergrund.[706] Um den wirtschaftlichen Wert eines Patents bestmöglich nutzen zu können, bietet sich eine Aufspaltung der Nutzungsbefugnisse und die Einräumung dieser Nutzungsbefugnisse an einen oder mehrere Erwerber an. Da bei der Aufspaltung der Nutzungsbefugnisse vielfältige Verwertungsmöglichkeiten bestehen, wird der Lizenzierung im Patentrecht eine größere Bedeutung zugeschrieben, als der Patentvollveräußerung.[707] Die Lizenzierung ermöglicht dem Patentinhaber insbesondere, die Verfügungsgewalt über das Patent zu behalten.[708] Aber nicht nur auf Seiten des Patentinhabers bringt die Einräumung von Lizenzen Vorteile mit sich. Der Lizenznehmer erhält durch die Einräumung von Lizenzen die Möglichkeit, von modernen technischen, kulturellen und absatzrelevanten Entwicklungen zu profitieren, ohne seinerseits hierfür Entwicklungskosten aufwenden zu müssen. Zudem erhofft sich der Lizenznehmer durch die Einräumung von Nutzungsbefugnissen an einer Erfindung oder einem Patent, einen Wettbewerbsvorteil gegenüber seinen Konkurrenten zu erhalten und den Ertrag seines Unternehmens zu steigern.[709] Da Unternehmen und Konzerne für die Produktion und den Vertrieb oftmals erhebliches Kapital einsetzen müssen, streben die Lizenznehmer die Einräumung eines Alleinverwertungsrechts an. Die Einräumung eines alleinigen Rechts zur Ausübung aller oder einzelner Befugnisse ermöglicht dem Lizenznehmer, einen Markt für neue Produkte aufzubauen.[710] Freilich können sich Lizenznehmer auch nicht ausschließliche Lizenzen einräumen lassen. Nicht ausschließliche Lizenzen bringen allerdings das Risiko mit sich, dass auch weitere Lizenznehmer nutzungsbefugt sind und die Produkte oder Erzeugnisse des Lizenznehmers mit denen anderer Wettbewerber konkurrieren. Zudem ist der Lizenznehmer einer nicht ausschließlichen Lizenz dem Risiko einer möglichen Konkurrentenklage ausgesetzt. Im Ergebnis sind das wirtschaftliche Risiko, der

706 *Pahlow,* Lizenz und Lizenzvertrag, S. 232.

707 *Haedicke*, in: Haedicke/ Timmann, Patentrecht, § 4 Rn. 57.

708 *Sonnenberg,* Einschränkbarkeit des patentrechtlichen Unterlassungsanspruchs, S. 33.

709 *Pahlow,* Lizenz und Lizenzvertrags, S. 222; *Sonnenberg,* Einschränkbarkeit des patentrechtlicher Unterlassungsanspruchs, S. 33.

710 *Pahlow,* Lizenz und Lizenzvertrags, S. 223 f. m.w.N.

Umsatzerfolg und die Gewinnaussichten des Lizenznehmers bei der Erteilung von nicht ausschließlichen Lizenzen vom Umfang der weiteren Lizenzeinräumung durch den Rechtsinhaber abhängig.[711]

Die dargelegte Interessenlage von Lizenznehmern und Lizenzgebern zeigt, dass eine zurückhaltende Nutzungsrechtseinräumung im Sinne der Zweckübertragungslehre zwischen Unternehmen und Konzernen gerade nicht gewollt ist. Im Gegenteil: Der Rechtsinhaber ist daran interessiert, sein wertvolles Schutzrecht so ertragreich wie möglich zu verwerten. Das Ziel einer gewinnbringenden Verwertung würde vielmehr durch die Beschränkung der Nutzungsrechtseinräumung konterkariert werden. Damit kann sich nicht Teilen der Literatur und der Rechtsprechung angeschlossen werden, die generell eine zurückhaltende Einräumung der Nutzungsrechte durch den Schutzrechtsinhaber annehmen.[712] Auch auf Seiten des Lizenznehmers ist eine größtmögliche Einräumung von Nutzungsrechten wünschenswert, zumal die Patentlizenz oftmals die wirtschaftliche Existenz des lizenznehmenden Unternehmens oder Konzerns bildet. Diese ist nicht selten die Grundlage des Fabrikationsbetriebes oder dient dem Aufbau von Vertriebsnetzen und der Vergabe von Unterlizenzen.[713] Insbesondere in Fällen, in denen zu lizenzierende Erfindungen noch nicht produktionsreif sind – der Lizenznehmer also noch in die technische Entwicklung und Vermarktung investieren muss – werden Lizenzen oftmals an kleinere oder mittlere Unternehmen vergeben, die durch die Marktstellung auf die Ausschließlichkeit der Verwertung angewiesen sind.[714] Für diese Unternehmen ist es von existenzieller Bedeutung, ausschließliche Lizenzen eingeräumt zu bekommen und Dritte von der Verwertung auszuschließen. Eine beschränkte Lizenzeinräumung wäre in dieses Zusammenhang nicht im Sinne des Lizenznehmers.

Überdies besteht bei einer Veräußerung der Rechte zwischen Unternehmen keine strukturelle Unterlegenheit einer Vertragspartei, wie dies zwischen Einzelurhebern und Verwertungsgesellschaften bzw. bei Einzelerfindern und verwertenden Unternehmen der Fall ist. Vielmehr begegnen sich die Unternehmen eher auf Augenhöhe, so dass kein Kräfteungleichgewicht zwischen ihnen besteht.[715] Dies erleichtert das Aushandeln der angemessenen Vergütung zwischen beiden Vertragsparteien. Ferner gehört die Verwertung von Erfindungen und Patenten

---

711 *Pahlow*, Lizenz und Lizenzvertrags, S. 225

712 In Kapitel 4 A. wird ausführlich dargestellt, in welchem Umfang Rechtsprechung und Literatur die Anwendbarkeit der Zweckübertragungslehre im Patentrecht annehmen.

713 *Pahlow*, Lizenz und Lizenzvertrag, S. 222 f.

714 *Pahlow*, Lizenz und Lizenzvertrag, S. 223 f.

715 Ähnlich *Haedicke*, in: Haedicke/ Timmann, Patentrecht, § 4 Rn. 19.

zum alltäglichen Geschäft von großen Unternehmen und Konzernen, so dass sie Erfahrung im Rechts- und Wirtschaftsverkehr haben. Dadurch müssen die veräußernden Unternehmen nicht – wie einst die Einzelurheber oder der freie Erfinder – vor einer Übervorteilung geschützt werden.

Im Ergebnis ist von einer Anwendung der Zweckübertragungslehre bei der Auslegung von Verträgen zwischen Unternehmen abzusehen.

E. Die angemessene Beteiligung des Arbeitnehmererfinders an den wirtschaftlichen Erträgen seiner Erfindung

Bei der pauschalen Annahme von Rechtsprechung und herrschender Literatur, dass die Zweckübertragungslehre auf das Patentrecht übertragen werden könne, wird außer Acht gelassen, dass 80–90% aller Erfindungen von Arbeitnehmererfindern getätigt werden.[716] Während die Zweckübertragungslehre im Arbeitnehmerurheberrecht ein Korrektiv für die fehlende zusätzliche Vergütung bei Inanspruchnahme des Werkes darstellt, wird der Arbeitnehmererfinder bei Inanspruchnahme seiner Erfindung zusätzlich zu seinem Lohn vergütet. Es stellt sich deshalb die Frage, ob die Zweckübertragungslehre zur Sicherstellung einer angemessenen Beteiligung des Arbeitnehmererfinders an den Erträgen der Verwertung seiner Erfindung überhaupt erforderlich ist. Um dieser Frage auf den Grund zu gehen, wird zunächst die vergütungsrechtliche Seite des Arbeitnehmererfinderrechts dargestellt. Im Anschluss werden die möglichen Ursachen für die vergütungsrechtlichen Unterschiede des Arbeitnehmerurheberrechts und des Arbeitnehmererfinderrechts untersucht.

I. Zusätzliche Vergütung des Arbeitnehmererfinders bei Inanspruchnahme seiner Erfindung

Grundsätzlich steht dem Arbeitgeber das Recht an dem Arbeitsergebnis des Arbeitnehmers zu, so dass das Recht an der Erfindung nicht dem Erfinder, sondern seinem Arbeitgeber erwachsen müsste.[717] Da im Bereich des Arbeitnehmererfindungsrechts allerdings den Besonderheiten des Patentrechts Rechnung getragen werden muss, wird das Recht des Arbeitgebers an der Diensterfindung des Arbeitnehmers begrenzt.[718] Aus diesem Grund wird der Arbeitgeber zwar

---

716 *Bartenbach/ Volz*, ArbNErfG, Einl. Rn 2.

717 *Veigel*, Immaterialgüterrechte, Rn. 69 ff.; *Simon*, Das allgemeine Persönlichkeitsrecht, S. 108; *Kurz*, Erfindungsschutz, S. 516.

718 Als Diensterfindungen sind solche Erfindungen anzusehen, die der Arbeitnehmer während der Dauer des Arbeitsverhältnisses gemacht hat und entweder aus der dem

nicht Eigentümer der Erfindung. Gemäß § 7 ArbNErfG gehen aber mit Inanspruchnahme der Diensterfindung alle vermögenswerten Rechte auf den Arbeitgeber über, wobei das Erfinderpersönlichkeitsrecht stets beim Arbeitnehmer zurückbleibt.[719] Der Arbeitgeber ist zudem nach § 37 Abs. 1 PatG verpflichtet, bei der Patentanmeldung den Arbeitnehmererfinder als Erfinder zu benennen.[720] Ausreichend für die Erfinderbenennung und die Angabe, wie das Recht auf das Patent an den Anmelder gelangt ist (vgl. § 37 Abs. 1 S. 2 PatG), ist die Angabe, dass der Erfinder Arbeitnehmer des Anmelders ist und es sich bei der Erfindung um eine Diensterfindung handelt.[721]

Für die Inanspruchnahme der Erfindung erhält der Arbeitnehmer zusätzlich zu seinem Arbeitslohn von seinem Arbeitgeber eine angemessene Vergütung (§ 9 ArbNErfG).[722] Für die Bemessung der Vergütung nach § 9 Abs. 2 ArbNErfG sind insbesondere die Verwertbarkeit der Diensterfindung, die Aufgaben und die Stellung des Arbeitnehmers im Betrieb sowie der Anteil des Betriebes an dem Zustandekommen der Diensterfindung maßgebend.[723] Auch bei technischen Verbesserungsvorschlägen, die dem Arbeitgeber eine ähnliche Vorzugsstellung gewähren wie ein gewerbliches Schutzrecht, hat der Arbeitnehmer nach § 20 Abs. 1 ArbNErfG gegen den Arbeitgeber einen Anspruch auf angemessene Vergütung, sobald dieser sie verwertet.

II. Ursachen für die Unterschiede zwischen der Vergütung von Arbeitnehmererfindern und Arbeitnehmerurhebern

Die finanzielle Ungleichbehandlung von Arbeitnehmererfindern und Arbeitnehmerurhebern erstaunt insbesondere vor dem Hintergrund, dass Parallelen zwischen den Interessen der Beteiligten bestehen. Sowohl der Arbeitnehmererfinder

Arbeitnehmer im Betrieb oder in der öffentlichen Verwaltung obliegenden Tätigkeit entstanden sind oder maßgeblich auf Erfahrungen oder Arbeiten des Betriebes oder der öffentlichen Verwaltungen beruhen (§ 4 Abs. 2 ArbNErfG).

719 BR-DR 757/08, S. 51.

720 *DPA* GRUR 1953, 220; *Schäfers,* in: Benkard, PatG, § 37 Rn. 7; *Stortnik,* in: BeckO PatG, § 37 Rn. 2a.

721 *DPA* GRUR 1953, 220.

722 Die rechtspolitischen Gründe für die Sondervergütung für Arbeitnehmererfindungen liegen in der strengen und der abgeschwächten Monopoltheorie; ausführlich dargestellt von *Himmelmann,* Vergütungsrechtliche Ungleichbehandlung, S. 116 ff.

723 Liegen die Kriterien für eine angemessene Vergütung nicht vor, kann die Höhe der Vergütung auch gleich Null sein, *Himmelmann,* GRUR 1999, 897 (902); *Schade,* GRUR 1958, 519 (523).

als auch der Arbeitnehmerurheber wird auf Grund seines Anstellungsverhältnisses erfinderisch bzw. schöpferisch tätig und gerade nicht als frei schaffender Erfinder oder Urheber.[724] Darüber hinaus haben beide Arbeitnehmer für ihre Tätigkeit bereits einen Lohn erhalten, der ihnen unabhängig von dem Erfolg des Entstehens einer Erfindung oder der Schöpfung eines Werkes gezahlt wird. Der Arbeitgeber hat in beiden Fällen ein berechtigtes Interesse an der Verwertung der in Erfüllung des Arbeitsvertrages geschaffenen Erfindung oder schöpferischen Leistung und trägt das wirtschaftliche Risiko der Verwertbarkeit des Arbeitsergebnisses.[725] Trotz dieser ähnlichen Ausgangssituation erstaunen die Begründungsversuche der Literatur, die vergütungsrechtliche Ungleichbehandlung von Arbeitnehmererfindern und Arbeitnehmerurhebern rechtfertigen zu wollen. Während Teile der Literatur versuchen, die Ungleichbehandlung aus rechtshistorischen Aspekten zu begründen (1.), rechtfertigen andere die zusätzliche Vergütung des Arbeitnehmererfinders damit, dass die Erfindung das „wertvollere Arbeitsergebnis" darstelle (2.). Zudem wird argumentiert, dass die Erfindung eines Arbeitnehmers nur eine Sonderleistung darstelle, für welche der Arbeitnehmererfinder deshalb gesondert vergütet werden müsse. Dagegen gehöre es zu der Arbeitsleistung des angestellten Urhebers, Werke zu schöpfen (3.).

1. *Sondervergütung für „Gefolgschaftsmitglieder" als Ansporn zum erfinderischen Tätigwerden*

Gemäß § 3 PatG 1877 stand demjenigen ein Anspruch auf Erteilung des Patents zu, der die Erfindung zuerst nach Maßgabe des Gesetzes angemeldet hatte. Folglich beruhte das Patentgesetz von 1877 auf dem Anmelderprinzip; der Erfinder selbst fand im Patentgesetz von 1877 keine Erwähnung.[726] Schwierigkeiten hinsichtlich des Rechts des Erfinders gegenüber dem Patentanmelder ergaben sich insbesondere bei sog. Angestelltenerfindungen, wenn also ein angestellter Erfinder im Rahmen seiner dienstlichen Tätigkeit eine Erfindung machte. Da das Patentgesetz von 1877 keine Regelungen über den Umgang mit Angestelltenerfindungen vorsah, blieb zunächst die Frage offen, wem das Verwertungsrecht an der Angestelltenerfindung zustand.[727] Während einige Autoren noch um die Jahrhundertwende dem Arbeitgeber das Recht an der Erfindung zusprachen,[728]

---

724 *Bayreuther,* GRUR 2003, 570 (571).

725 *Hausmann,* Arbeitnehmererfindungsrecht, S. 381 f.; *Bayreuther,* GRUR 2003, 570 (571).

726 *Schmidt,* Erfinderprinzip und Erfinderpersönlichkeitsrecht, S. 15.

727 *Schmidt,* Erfinderprinzip und Erfinderpersönlichkeitsrecht, S. 41.

728 *Dambach,* Patentgesetz, S. 14.

änderte sich dies durch die langsame Anerkennung der persönlichkeitsrechtlichen Tendenzen des Erfinderrechts und die Normierung des Erfinderprinzips[729] durch das Patentgesetz von 1936.[730] Die Zuordnung der Arbeitnehmererfindung an ihren Erfinder wurden zudem durch den Erlass der Verordnung über die Behandlung von Erfindungen von Gefolgschaftsmitgliedern von 1942 und ein Jahr später die Durchführungsverordnung zur Verordnung über die Behandlung von Erfindungen von Gefolgschaftsmitgliedern (DVO) weiter gefestigt. Die Verordnungen erkannten den Arbeitnehmer als Erfinder an. Der Unternehmer konnte die Diensterfindung damit nur gegen angemessene Vergütung des Erfinders in Anspruch nehmen (vgl. § 5 Abs. 1 DVO). Bei der Bemessung der Vergütung waren nach § 5 Abs. 1 S. 2 DVO insbesondere die Verwertbarkeit der Erfindung, das Ausmaß der schöpferischen Leistung, die Höhe des Arbeitsentgeltes und die Aufgaben des „Gefolgschaftsmitgliedes" im Betrieb zu berücksichtigen. In Folge dessen stärkten die Vorschriften den Arbeitnehmererfinder nicht nur in seinen persönlichkeitsrechtlichen, sondern auch in seinen materiellen Interessen.[731] Insbesondere legte der neu eingeführte Vergütungsanspruch aus § 5 DVO dar, dass das nationalsozialistische Regime nicht ohne Rücksicht auf den Arbeitnehmererfinder von dessen Erfindungen profitieren wollte.[732]

Die Ursache dieser erfinderfreundlichen Regelungen lag in der militärischen Notlage des Zweiten Weltkrieges. Um neue „Wunderwaffen" zu generieren, sicherte die nationalsozialistische Regierung den Arbeitnehmererfindern Inhaberschaft, Anerkennung und gesonderte Vergütung für beanspruchte Erfindungen. Insbesondere der Anspruch auf Sondervergütung sollte den Arbeitnehmererfinder zum erfinderischen Tätigwerden anspornen.[733]

---

729 Für eine sehr ausführliche Darstellung der Entwicklung vom Anmelderprinzip zum Erfinderprinzip im deutschen Patentrecht von 1877 bis 1936 sei auf die Arbeit von *Schmidt* verwiesen. *Schmidt,* Erfinderprinzip und Erfinderpersönlichkeitsrecht im deutschen Patentrecht von 1877 bis 1936, 2009.

730 *Gierke,* Deutsches Privatrecht Bd. I, S. 869 f.; *Wangemann,* Das Recht der Angestellten an ihrer Erfindung, S. 24.

731 *Simon,* Das allgemeine Persönlichkeitsrecht, S. 115; *Ann,* in: Obergfell, Urhebervertragsrecht, S. 91.

732 *Mächtel,* Patentrecht im Krieg, S. 347.

733 *Ann,* in: Obergfell, Urhebervertragsrecht, S. 99; *Bartenbach/ Volz,* GRUR 1982, 693 (701 f.). Ausführlich zu den Gefolgschaftserfindungsverordnungen von 1942 und 1943 *Kurz,* Geschichte des Arbeitnehmererfindungsrechts, S. 91 ff.; *Veigel,* Immaterialgüterrechte, Rn. 337.

Vergleichbare kriegsbedingte Vorschriften wurden in dem Bereich des Urheberrechts nicht erlassen. Die ungleiche Behandlung von Arbeitnehmererfindern und Arbeitnehmerurhebern mag zwar auf der historischen Sonderbehandlung von Arbeitnehmererfindern beruhen, sie kann aber über 70 Jahre nach Kriegsende keine Begründung für die vergütungsrechtliche Besserstellung der Arbeitnehmererfinder darstellen.

2. *Die Erfindung als „wertvolleres Arbeitsergebnis" im Vergleich zum urheberrechtlichen Werk*

Zum Teil rechtfertigen einige Autoren die vergütungsrechtliche Ungleichbehandlung von Arbeitnehmererfindern und Arbeitnehmerurhebern mit dem Argument, dass der Arbeitgeber eines Erfinders im Vergleich zu dem eines Urhebers ein „wertvolleres Arbeitsergebnis" erhalte.[734] Der Arbeitgeber eines Erfinders erhalte durch die patentierte Erfindung ein monopolartiges Ausschlussrecht, welches gegenüber anderen Erfindern mit der gleichen Idee eine Sperrwirkung zusichere. Demgegenüber sei das urheberrechtliche Werk lediglich an einen Nachahmungsschutz geknüpft, da eine identische Werkschöpfung durch die Individualität des Urhebers praktisch unmöglich und damit ein Ausschlussrecht nicht erforderlich sei. Zudem führe die Einräumung von Nutzungsrechten ohnehin nicht zu dem Erwerb einer absoluten Rechtsposition.[735] Im Ergebnis sei es berechtigt, den Erfinder neben seinem Arbeitslohn durch eine Sondervergütung zu entlohnen.[736]

Allerdings verkennen diese Stimmen die Verschiedenartigkeit von patentfähigen Erfindungen und urheberrechtlichen Werken. Da Erfindungen der Lösung von technischen Problemen dienen und an bestehende Naturgesetze gebunden sind, ist auf Grund des geringen Gestaltungsspielraums eine Doppelerfindung möglich. Um den ersten Erfinder gegen Doppelerfindungen zu schützen, stellt die Gewährung eines Ausschlussrechts mit der Sperrwirkung eines rechtlichen Monopols den einzig effektiven Rechtsschutz dar.[737] Demgegenüber sind

---

734 *Kraßer*, FS Schricker, S. 110; *Himmelmann*, GRUR 1999, 897 (901); *Dressel*, GRUR 1989, 319 (323).

735 *Rebitzki*, GRUR 1963, 555 (557 f.); *Dressel*, GRUR 1989, 319 (323 f.).

736 *Kraßer*, FS Schricker, S. 110; *Himmelmann*, GRUR 1999, 897 (901); *Dressel*, GRUR 1989, 319 (323).

737 *Ulmer*, Urheber- und Verlagsrecht, § 4 I, S. 20; *Himmelmann*, Vergütungsrechtliche Ungleichbehandlung, S. 187; *ders.*, GRUR 1999, 897 (901); *Diederichsen*, Vergütungsanspruch Urheber, S. 119; zu den Unterschiedlichen Sperrwirkungen der Immaterialgüter *Schramm*, Grundlagenforschung, S. 37 ff.

urheberrechtliche Schöpfungen durch die Individualität ihres Schöpfers geprägt. Die zufällige Identität von Schöpfungen ist durch den weitaus größeren Gestaltungsspielraum nahezu unmöglich. Als wirksamer Schutz reicht dem Urheber folglich ein bloßer Nachahmungsschutz aus.[738] Aus diesem Grund ist die Marktposition, die der Arbeitgeber eines Erfinders durch die Patenterteilung erhält, nicht wertvoller als die eines Arbeitgebers, der einen Urheber anstellt.[739] Folglich kann die Schlechterstellung des Arbeitnehmerurhebers im vergütungsrechtlichen Bereich nicht damit gerechtfertigt werden, dass der Arbeitgeber eines Urhebers ein weniger wertvolles Arbeitsergebnis erhält und seinem Arbeitnehmer deshalb keine Sondervergütung zahlen muss.

3. Die Erfindung als Sonderleistung des Arbeitnehmererfinders

Als Rechtfertigung für die Sondervergütung des Arbeitnehmererfinders wird ferner angeführt, dass das Arbeitsverhältnis zwischen Arbeitgeber und Arbeitnehmererfinder keine Pflicht zur Tätigung einer Erfindung enthalte. Eine solche Pflicht könne schon deshalb nicht vereinbart werden, weil sich der Arbeitnehmer nicht dazu verpflichten könne, eine Erfindung vorzunehmen.[740] Da das Gelingen einer Erfindung eben nicht allein auf den Fähigkeiten des Erfinders beruhe, sondern auch von weiteren Faktoren von Naturkräften abhängig sei, bestünde eine Ungewissheit hinsichtlich des Gelingens der Erfindung.[741] Der Arbeitnehmerfinder schulde deshalb nur das Bemühen, eine Erfindung zu tätigen. Bei Gelingen einer Diensterfindung werde der Arbeitnehmererfinder hierfür besonders belohnt, da er eine über die normalen arbeitsvertraglich festgelegten Leistungspflichten hinausgehende Sonderleistung erbracht habe.[742] Demgegenüber sei das Entstehen eines urheberrechtlichen Werkes voraussehbar, da der Urheber nur auf seine eigenen Fähigkeiten angewiesen sei und der Erfolg des Entstehens lediglich von der Individualität des Urhebers abhänge. Anders als bei einer Erfindung, spielten äußere Umstände bei der Entstehung eines Werkes keine Rolle. Folglich

---

738 *Diederichsen,* Vergütungsanspruch Urheber, S. 119; *Himmelmann,* Vergütungsrechtliche Ungleichbehandlung, S. 187 f.; *ders.,* GRUR 1999, 897 (901).

739 *Himmelmann,* Vergütungsrechtliche Ungleichbehandlung, S. 187 f.; *Diederichsen,* Vergütungsanspruch Urheber, S. 117 f.

740 *LG München* ZUM 1997, 659 (665); *Rehbinder,* FS Roeber, S. 498 f.; *Ullmann,* GRUR 1987, 6 (8); ähnlich *Reimer/ Schippel,* Die Vergütung von Arbeitnehmererfindungen, S. 41.

741 *Veigel,* Immaterialgüterrechte, Rn. 333; *Himmelmann,* GRUR 1999, 897 (899 f.).

742 *Ullmann,* GRUR 1987, 6 (8); *Ulmer,* GRUR 1984, 429 (433); *Himmelmann,* Vergütungsrechtliche Ungleichbehandlung, S. 80 f.; *ders.,* GRUR 1999, 897 (899 f.).

könne der Urheber die Verpflichtung eingehen, einen Artikel zu verfassen, ein Buch zu schreiben oder einen Film zu produzieren. Die Vergütung des Urhebers erfolge durch die Zahlung des Gehalts. Eine über das Gehalt hinausgehende Sondervergütung stehe dem Arbeitnehmerurheber demnach nicht zu.[743]

Diese Begründung für die vergütungsrechtliche Ungleichbehandlung lässt sich dadurch entkräften, dass Erfindungen immer planbarer und vorhersehbarer werden.[744] Da die überwiegende Anzahl an Erfindungen im 21. Jahrhundert nur noch verbesserte Weiterentwicklungen von ursprünglichen Erfindungen darstellen, werden bahnbrechende Pioniererfindungen immer seltener. Gleichzeitig ist die technische Fortentwicklung eines Produkts ebenso wichtig wie dessen Marktnachfrage.[745] Bei diesen Weiterentwicklungen von Erfindungen ist die Erfindungshöhe weitaus geringer als bei den ursprünglichen Erfindungen, so dass es dem Arbeitnehmererfinder möglich ist, sich arbeitsvertraglich zu einer patentfähigen (Weiterentwicklungs-) Erfindung zu verpflichten.[746]

Demgegenüber stellt die Vorhersehbarkeit von urheberrechtlichen Werken keineswegs die Regel dar. Gerade weniger alltägliche Werke sind von einer guten Idee, einem „Geistesblitz" oder gar einem „genialen Einfall" abhängig, die häufig eher dem Zufall geschuldet und deshalb wenig planbar sind.[747] Folglich geht das Argument fehl, dass der Arbeitnehmerurheber auf Grund der „Vorhersehbarkeit" der Erschaffung eines urheberrechtlichen Werkes keine Sondervergütung erhalte.

Sämtliche von der herrschenden Lehre vorgetragenen Begründungen für die vergütungsrechtliche Ungleichbehandlung von Arbeitnehmererfindern und Arbeitnehmerurhebern können damit nicht überzeugen und stellen keine Rechtfertigung für die Schlechterstellung der Arbeitnehmerurheber dar.

---

743 *Kraßer*, FS Schricker, S. 110; *Rojahn*, in: Schricker/ Loewenheim, UrhG, 43 Rn. 64; *Veigel*, Immaterialgüterrechte, Rn. 333; *Himmelmann*, GRUR 1999, 897 (900); *Dressel*, GRUR 1989, 319 (319); *Ullmann*, GRUR 1987, 6 (8).

744 *Himmelmann*, Vergütungsrechtliche Ungleichbehandlung, S. 152 ff.; *Diederichsen*, Vergütungsanspruch Urheber, S. 114 f.

745 *Bartenbach/ Volz*, Arbeitnehmererfindergesetz, Einl. Rn. 2.

746 *Himmelmann*, Vergütungsrechtliche Ungleichbehandlung, S. 159; *Diederichsen*, Vergütungsanspruch Urheber, S. 114 f.; *Sack*, UFITA Bd. 121 (1993), 15 (43 f.).

747 *Diederichsen*, Vergütungsanspruch Urheber, S. 112 f. Bei Werkschöpfungen der sog. kleinen Münze des Urheberrechts, sieht *Diederichsen* hingegen eine Vorhersehbarkeit, da dieser keine besondere Idee oder Können zugrunde liegt.

III. Keine Anwendbarkeit der Zweckübertragungslehre im Arbeitnehmererfinderrecht

Die Zweckübertragungslehre sorgt im Arbeitnehmerurheberrecht dafür, dass der Arbeitnehmerurheber seinem Arbeitgeber bzw. Dienstherrn die Nutzungsrechte nur in einem solchem Umfang einräumen muss, wie der Arbeitgeber bzw. Dienstherr die Nutzungsrechte für seine betrieblichen oder dienstlichen Zwecke benötigt.[748] Wie bereits dargelegt,[749] stellt die Zweckübertragungslehre im Arbeitnehmerurheberrecht einen Interessenausgleich zwischen den Interessen des Arbeitgebers an einer umfangreichen Nutzungsrechtseinräumung am Arbeitsergebnis seines Arbeitnehmers und dem Bedürfnis des Urhebers nach einer angemessenen Vergütung seines Werkes her. Die Lehre schränkt die Nutzungsrechtseinräumung des Arbeitnehmerurhebers gegenüber seinem Arbeitgeber vor dem Hintergrund ein, weil dieser für die Nutzungsrechtseinräumung nicht gesondert vergütet wird. Zudem wird durch die Anwendung der Zweckübertragungslehre im Arbeitnehmerurheberrecht das Bedürfnis des Urhebers an einer Aufrechterhaltung der engen persönlichen und geistigen Bindung zu seinem Werk gewährleistet. Durch die Begrenzung der Nutzungsrechtseinräumung auf den Betriebszweck muss der angestellte Urheber nicht mehr Rechte als notwendig aus seiner Persönlichkeitssphäre entlassen.

Im Arbeitnehmererfinderrecht ergibt sich jedoch eine andere Interessenlage: Bei Inanspruchnahme der Diensterfindung gehen nach § 7 ArbNErfG alle vermögenswerten Rechte auf den Arbeitgeber über. Damit ist der Gesetzgeber offenkundig der Auffassung, dass auf Seiten des Arbeitnehmererfinders kein Bedürfnis nach einer umfassenden Zurückbehaltung von Rechten an seiner Erfindung besteht. Das fehlende Bedürfnis nach einer weitgehenden Zurückbehaltung von Rechten zeigt sich insbesondere in der zusätzlichen Vergütung, die dem Arbeitnehmererfinder bei Inanspruchnahme der Erfindung gemäß § 9 ArbNErfG in einem angemessenen Maße zusteht. Im Unterschied zum Arbeitnehmerurheber erwachsen dem Arbeitnehmererfinder durch die Übertragung seiner vermögenswerten Rechte an der Erfindung damit keine finanziellen Nachteile. Es bedarf mithin keines Interessenausgleichs zwischen dem

748 *BGH* GRUR 1974, 480 (482) - Hummelrechte; *KG* GRUR 1976, 264 (265) – Gesicherte Spuren; *Rojahn,* in: Schricker/ Loewenheim, UrhG, § 43 Rn. 51; *Schulze,* in: Dreier/ Schulze, UrhG, § 43 Rn. 20; *Wandtke,* in: Wandtke/ Bullinger, UrhG, § 43 Rn. 55; *A. Nordemann,* in: Fromm/ Nordemann, UrhG, § 43 Rn. 30; *Donle,* Die Bedeutung des § 31 Abs. 5 UrhG, S. 204 f.; *Schwab,* ArbuR 1993, 129 (132).

749 Ausführlich Kapitel 3 D.

Arbeitgeber und dem Arbeitnehmererfinder, um dem angestellten Erfinder mithilfe der Zweckübertragungslehre erschöpfende wirtschaftliche Vorteile aus der Verwertung seiner Erfindung zu gewähren. Da der Arbeitnehmererfinder – anders als der Arbeitnehmerurheber – auch keine enge persönliche und geistige Verbindung zu seiner Erfindung hat, die es durch eine umfangreiche Zurückbehaltung von Nutzungsrechten zu schützen gilt, wird der Arbeitnehmerurheber durch die Aufgabe seiner Rechte an der Erfindung auch nicht in seinen persönlichkeitsrechtlichen Interessen tangiert. Es liegt im Arbeitnehmererfinderrecht damit eine andere persönlichkeits- und vermögensrechtliche Interessenlage vor als im Arbeitnehmerurheberrecht. Von einer Übertragung der Zweckübertragungslehre auf das Arbeitnehmererfinderrecht ist folglich abzusehen. Vielmehr ist die Zweckübertragungslehre auf die Besonderheiten des Urheberrechts bzw. des Arbeitnehmerurheberrechts zugeschnitten.

F. Zusammenfassung

1. Im Vergleich mit dem Urheberpersönlichkeitsrecht ist das Erfinderpersönlichkeitsrecht weitaus schwächer ausgeprägt und sichert dem Erfinder lediglich die Anerkennung der Erfinderehre in Form der Erfindernennung gemäß §§ 37 Abs. 1, 63 Abs. 1 PatG zu. Dieser Anspruch beschränkt sich ausschließlich auf die Nennung des Erfinders in den Dokumenten zur Patenterteilung und stellt keinen generellen Anspruch auf Erfindernennung in der breiten Öffentlichkeit dar.
   Im Gegensatz zum Urheberpersönlichkeitsrecht sorgt das Erfinderpersönlichkeitsrecht nicht für eine enge Bindung des Erfinders an seine Erfindung, was aus der geringen individuellen Prägung der Erfindung durch die Persönlichkeit des Erfinders resultiert und der daraus folgenden Austauschbarkeit des Erfinders. Im Urheberrecht bildet diese enge Verbindung des Urhebers zu seinem Werk die persönlichkeitsrechtliche Grundlage der Zweckübertragungslehre und gewährt dem Urheber eine umfangreiche Zurückbehaltung seiner Rechte. Die Zweckübertragungslehre ist damit aus persönlichkeitsrechtlicher Sicht ausschließlich auf die Bedürfnisse des Urhebers an einer Aufrechterhaltung der geistigen und persönlichen Beziehung zugeschnitten.
2. Um dem Kräfteungleichgewicht zwischen Urhebern und Verwertern Abhilfe zu leisten, schuf *Goldbaum* im Jahre 1923 die Zweckübertragungslehre. Der Urheber sollte durch die Zurückbehaltung derjenigen Rechte, die nicht dem Zweck des Vertrages entsprachen, vor einer zu umfangreichen Aufgabe seiner Rechte an die Verleger geschützt werden. Nur durch eine weitreichende

Zurückbehaltung der Nutzungsrechte konnte der Urheber sicherstellen, angemessen an den Früchten der Verwertung seines Werkes beteiligt zu werden. Ein solches Kräfteungleichgewicht zwischen den Vertragsparteien besteht auch bei der Verwertung von Erfindungen oder Patenten durch den Einzelerfinder. Während seiner Schaffenszeit bezieht der freie Erfinder kein regelmäßiges Einkommen und muss zudem selbst für die oftmals hohen Forschungs- und Entwicklungskosten aufkommen. Aus diesem Grund strebt der Einzelerfinder bei der Veräußerung seines Schutzrechts bzw. bei der Einräumung von Lizenzen an seinem Schutzrecht die Erzielung eines angemessenen Gegenwerts für die eingeräumten Rechte an. In diesem Zusammenhang ist der freie Erfinder den verwertenden Unternehmen ausgesetzt, die die finanzielle Notlage durch pauschale Rechtseinräumung auszunutzen wissen. Um diesem Kräfteungleichgewicht entgegen zu wirken, kann die Zweckübertragungslehre aus vermögensrechtlicher Sicht bei der Auslegung von nicht eindeutigen oder zweifelhaften Verträgen zwischen Einzelerfindern und verwertenden Unternehmen herangezogen werden.

3. Findet die Verwertung einer Erfindung oder eines Patents allerdings zwischen Unternehmen statt, begegnen sich die Vertragsparteien auf Augenhöhe. Anders als bei der Veräußerung von Rechten durch den Einzelerfinder, besteht bei der Verwertung von Schutzrechten zwischen Unternehmen damit nicht die Gefahr, dass der Erwerber die Vertragskonditionen einseitig diktiert und der Rechtsinhaber unangemessen an der Verwertung beteiligt wird. Folglich besteht auch aus vermögensrechtlicher Sicht keine vergleichbare Interessenlage, die die Anwendung der Zweckübertragungslehre bei der Auslegung von Verträgen zwischen Unternehmen rechtfertigen würde.
4. Die Zweckübertragungslehre sorgt im Arbeitnehmerurheberrecht dafür, dass der Urheber nur so viele Rechte an seinen Arbeitgeber übertragen muss, wie es der Betriebszweck erfordert. Weitergehende Rechte, für die der Urheber ohnehin nicht angemessen vergütet wird, bleiben bei ihm zurück. Im Arbeitnehmerurheberrecht stellt die Zweckübertragungslehre somit ein Instrument des Interessenausgleichs zwischen den Interessen des Arbeitnehmerurhebers und denen des Arbeitgebers dar. Im Arbeitnehmererfinderrecht ist die Interessenlage jedoch eine andere: Für die Inanspruchnahme der Erfindung durch seinen Arbeitgeber wird der Arbeitnehmererfinder zusätzlich zu seinem Arbeitslohn vergütet. Es bedarf mithin keines Interessenausgleichs mithilfe der Zweckübertragungslehre zwischen dem Arbeitgeber und dem Arbeitnehmererfinder, um dem Arbeitnehmererfinder erschöpfende wirtschaftliche Vorteile aus der Verwertung seiner Erfindung zu gewähren.

5. Der pauschalen Annahme der herrschenden Ansicht, die Zweckübertragungslehre sei im Patentrecht anwendbar, kann nicht gefolgt werden. In diesem Fall wird keine differenzierte, auf die Besonderheiten des Patentrechts zugeschnittene Feststellung getroffen. Bei dieser Aussage wird vielmehr verkannt, dass Schutzrechtsinhaber sowohl ein Einzelerfinder als auch ein Unternehmen sein kann, das im Wege einer Arbeitnehmererfindung oder durch Rechtserwerb Inhaber des Schutzrechts geworden ist. Eine Differenzierung zwischen diesen beiden Rechtsinhabern ist jedoch vor dem Hintergrund unerlässlich, dass sich das Bedürfnis beider Schutzrechtsinhaber nach einer angemessenen Beteiligung an der Verwertung ihres Schutzrechts unterscheiden.

Kapitel 5: Zur Anwendbarkeit der Zweckübertragungslehre im Markenrecht

Erst mit der Abschaffung des Akzessorietätsgrundsatzes im Jahre 1995 und damit weitaus später als im Patentrecht, fand die Zweckübertragungslehre Eingang in das markenrechtliche Schrifttum.[750] Da nach *Ingerl/Rohnke* dem Markenrecht, genauso wie dem Urheberrecht, die Tendenz inne wohne, „beim Rechtsinhaber zurückzubleiben", sei die Zweckübertragungslehre auch im Markenrecht anzuwenden.[751] Infolgedessen sei eine Lizenzerteilung im Zweifel einschränkend auszulegen. Eine Vertragsauslegung könne aber gleichermaßen zu einer weitgehenden Rechtseinräumung führen.[752] Wie bereits im Patentrecht, verzichtet auch die Literatur zum Markenrecht auf eine Untersuchung, ob und inwiefern die Zweckübertragungslehre im Markenrecht überhaupt angewendet werden kann.[753] In der Rechtsprechung zum Markenrecht wurde die Zweckübertragungslehre bislang - soweit ersichtlich - nur einmal angewendet. Nach dem in „§ 31 Abs. 5 UrhG kodifizierten Zweckübertragungsgrundsatz, der auch für andere Bereiche des gewerblichen Rechtsschutzes Anwendung findet", sei eine Rechtsübertragung in einem Lizenzvertrag einschränkend auszulegen, so dass der Erwerber nur eine einfache Lizenz gewährt bekäme. Von der Rechtsübertragung sollten damit nur solche Rechte erfasst sein, die der Vertragszweck unbedingt erfordere.[754]

Allein *Martina Taxhet* spricht sich gegen die Anwendbarkeit der Zweckübertragungslehre im Markenrecht aus.[755] Der Grundgedanke des Urheberrechts,

---

750 Erstmalige Annahme der Anwendbarkeit der Zweckübertragungslehre im Markenrecht: *Ingerl/ Rohnke,* MarkenG (1998), § 30 Rn. 18; folgend *Pahlow,* in: HK-MarkenR (2009), § 30 Rn. 61; *Müller,* in: Spindler/ Schuster, MarkenG, § 30 Rn. 7 (2015).

751 *Ingerl/ Rohnke,* MarkenG, § 30 Rn. 26 mit Verweis auf *BGH* GRUR 1979, 637 (639) - White Christmas.

752 *Ingerl/ Rohnke,* MarkenG, § 30 Rn. 26.

753 Vgl. hierzu *Müller,* in: Spindler/ Schuster, MarkenG, § 30 Rn. 7; *Ingerl/ Rohnke,* MarkenG, § 30 Rn. 26; *Pahlow,* in: HK-MarkenR, § 30 Rn. 62 mit Verweis auf *Ingerl/ Rohnke,* MarkenG, § 30 Rn. 26.

754 *LG München I* GRUR-RR 2001, 161 (164) - Recht am Vornamen einer Filmschauspielerin mit Verweis auf *Ingerl/ Rohnke,* MarkenG, § 30 Rn. 26.

755 *Taxhet,* in: Kur, MarkenG, § 30 Rn. 33.

dass diesem die Tendenz innewohne, so weit wie möglich beim Urheber zurückzubleiben, könne nicht auf das Markenrecht übertragen werden. Während das Urheberrecht auf Grund der persönlichen geistigen Schöpfung des Werkes die Persönlichkeitsrechte des Inhabers schütze, sei ein vergleichbarer Schutz des Markeninhabers weder erforderlich noch geboten. Da die Inhaberschaft im Markenrecht nicht an den originären Entstehungstatbestand gebunden sei, könne die Inhaberschaft beliebig wechseln. Zudem stelle das Markenrecht nur ein Monopol dar, welches im Wirtschaftsverkehr eine Zuordnung der Marke zu einem Geschäftsbetrieb vornehme.[756]

Die folgenden Ausführungen gehen der Frage nach, ob und inwiefern die Zweckübertragungslehre im Markenrecht Anwendung finden kann. Das Kapitel widmet sich zunächst der Untersuchung, ob der Wandel des Markenrechts vom Persönlichkeitsrecht zum Immaterialgüterrecht Auswirkungen auf die persönlichkeitsrechtlichen Interessen des Rechtsinhabers an seiner Marke hatte. Ist die persönlichkeitsrechtliche Bindung des Markeninhabers zu seiner Marke trotz ihrer freien Verkehrsfähigkeit ähnlich stark wie die des Urhebers zu seinem Werk, könnte dies für eine Anwendung der Zweckübertragungslehre im Markenrecht sprechen. Da im Markenrecht auch die Möglichkeit der Eintragung von Persönlichkeitsmerkmalen besteht, wird Gegenstand der Untersuchung zudem die markenmäßige Verwertung von Bestandteilen der menschlichen Persönlichkeit sein. Bei dieser sog. Personenmarke könnte die Verbindung des Rechtsträgers zu seiner Marke besonders stark und damit die beschränkte Übertragung der Marke bzw. die beschränkte Einräumung von Nutzungsrechten geboten sein. Vor dem Hintergrund, dass die Zweckübertragungslehre ursprünglich dazu entwickelt wurde, dem Kräfteungleichgewicht zwischen den Einzelurhebern und den Verwertungsgesellschaften entgegenzuwirken und dem Urheber eine angemessene Beteiligung an den Früchten der Verwertung seines Werkes zu sichern, wird anschließend untersucht, ob im Markenrecht ein ähnliches Kräfteungleichgewicht zwischen den Vertragsparteien besteht wie im Urheberrecht. Ist dies der Fall, könnte die Zweckübertragungslehre als Instrument des Interessenausgleichs herangezogen werden.

---

756 *Taxhet*, in: Kur, MarkenG, § 30 Rn. 33.

A. Loslösung von der Einordnung der Marke als Persönlichkeitsrecht

Die historische Auseinandersetzung mit der Entwicklung des Markenschutzes zeigt, dass sich ein Wandel des Rechtscharakters vollzog. Während das Markenrecht heutzutage einheitlich als Immaterialgüterrecht angesehen wird,[757] ordneten Literatur und Rechtsprechung das Warenzeichenrecht nach Erlass des Gesetzes über den Markenschutz (MSchG) von 1874 zunächst den Persönlichkeitsrechten zu.[758] In einem ersten Schritt wird deshalb erläutert, welche Umstände zu dem Wandel des Markenrechts vom Persönlichkeits- zum Immaterialgüterrecht geführt haben. In einem zweiten Schritt wird dann untersucht, welche Auswirkungen dieser Wandel auf die persönliche Bindung des Markeninhabers auf seine Marke hatte. Da die starke und unauflösliche persönliche Bindung des Urhebers zu seinem Werk eine Komponente der Zweckübertragungslehre darstellt, ist fraglich, ob eine ähnliche persönliche Bindung des Markeninhabers zu seiner Marke die Anwendung der Zweckübertragungslehre im Markenrecht rechtfertigen könnte.

---

757 *BGH* GRUR 2000, 709 (713) – Marlene Dietrich; *Götting*, FS Beier, S. 233; *ders.*, Persönlichkeitsrechte, S. 108 ff.; *Götting*, in: Götting/ Schertz/ Seitz, Handbuch Persönlichkeitsrecht, § 4 Rn. 9; *Hubmann*, Das Persönlichkeitsrecht, S. 286; *Hubmann*, Gewerblicher Rechtsschutz, S. 42, 53; *Reimer*, Warenzeichenrecht, S. 22; *Müller*, in: Spindler/ Schuster, MarkenG, Vorb. Rn. 2; *Sosnitza*, Markenrecht, § 8 Rn. 1, 4; *Pinzger*, WZG, § 8 Anm. 3; *Gamm*, WZG, Einf. 45; *Pahlow*, Lizenz und Lizenzvertrag, S. 163 f., *Schönherr*, FS Troller, S. 62, *Simon*, Das allgemeine Persönlichkeitsrecht, S. 149; *Sandreuther*, Markenrecht, S. 34 ff.; *Bruch*, Die gewerblichen Kennzeichen, S. 20; *Schwank*, Entwicklung des Markenwesens, S. 44; *Urlichs*, Das Wesen des Immaterialgüterrechts, S. 72; *Ohly*, JZ 2003, 545 (545 ff.).

758 RG 30.11.1906 - II 180/06 - RGZ 64, 397 (398); RG 07.11.1908 - I 638/07 - RGZ 69, 401 (403); RG 19.06.1923 - II 92/23 - RGZ 108, 8 (9); RGZ 18, 28; RG 12.05.1926 - I 287/25 - RGZ 113, 413 (414); *Klostermann*, Urheberrecht und Verlagsrecht, S. 4 f., 214; *Gareis*, BuschsA 35 (1877), 185 (206 ff.); *ders.*, Die Privatrechtssphären im modernen Kulturstaate, Zeitschrift für Gesetzgebung und Praxis auf dem Gebiete des Deutschen öffentlichen Rechts, Jg. 3 (1877), 137 (138); *Gierke*, Deutsches Privatrecht Bd. I (1895), S. 717 ff., 728; *Kent*, Waarenbezeichnungen (1897), S. 13; *Seligsohn*, Schutz der Warenbezeichnungen (1905), S. 14; *Osterrieth*, Lehrbuch des Gewerblichen Rechtsschutzes (1908), S. 377; *Allfeld*, Gewerblicher Rechtsschutz, S. 101 sogar noch *Cahn*, MuW 1931, 69 (70).

I. Bindung des Warenzeichens an den Geschäftsbetrieb

Das erste gesamtdeutsche Markengesetz normierte die Bindung der Marke an den Geschäftsbetrieb zwar nicht ausdrücklich, in seine Vorschriften konnte der Akzessorietätsgrundsatz aber hineingelesen werden:[759] Gewerbetreibende, deren Firma im Handelsregister eingetragen ist, können Zeichen, welche zur Unterscheidung ihrer Waren von den Waren anderer Gewerbetreibenden auf den Waren selbst oder deren Verpackung angebracht werden sollen, zur Eintragung in das Handelsregister des Ortes ihrer Hauptniederlassung bei dem zuständigen Gerichte anmelden (§ 1 MschG). Die Bindung der Marke an den Geschäftsbetrieb ergab sich weiterhin aus § 8 MSchG, wonach das Recht, Waren oder deren Verpackung mit einem für diese Waren zum Handelsregister angemeldeten Zeichen zu versehen oder auf solche Art bezeichnete Waren in den Verkehr zu bringen, ausschließlich dem Inhaber derjenigen Firma zustand, für welche zuerst die Anmeldung bewirkt wurde. Abschließend regelte § 12 Nr. 2 i.V.m. § 5 Nr. 1 MSchG, dass das durch die Anmeldung des Zeichens erlangte Recht so lange bestand, bis die Firma im Handelsregister gelöscht wurde. Da die Firma selbst gemäß Art. 23 ADHGB an den Geschäftsbetrieb gebunden war, war auch das Zeichen durch seine Verknüpfung mit der Firma an den Geschäftsbetrieb gebunden.[760]

Erst als im Jahre 1894 das Gesetz zum Schutz von Waarenbezeichnungen (WBezG) in Kraft trat, wurde durch § 7 Abs. 1 WBezG die Bindung der Marke an den Geschäftsbetrieb gesetzlich verankert: „Das durch die Anmeldung oder Eintragung des Warenzeichens begründete Recht geht auf den Erben über und kann durch Vertrag oder durch Verfügung von Todes wegen auf andere übertragen werden. Das Recht kann jedoch nur mit dem Geschäftsbetriebe, zu welchem das Warenzeichen gehört, auf einen Anderen übergehen." Diesem Akzessorietätsgrundsatz blieb der Gesetzgeber auch bei Erlass des Warenzeichengesetzes (WZG) im Jahre 1936 treu (§ 8 Abs. 1 S. 1 WZG). Allerdings musste fortan für die Übertragung der Marke nicht mehr der gesamte Geschäftsbetrieb auf einen anderen übergehen; ausreichend war bereits der Übergang oder die Übertragung eines Teils des Geschäftsbetriebes.

759 *Sattler*, ZGE/ IPJ 5 (2013), 429 (430).

760 *Coordes*, Markenlizenz, S. 15.

Bis in die 1970er Jahre hinein rechtfertigten die Rechtsprechung[761] und der weit überwiegende Teil der Literatur[762] den Akzessorietätsgrundsatz mit der Herkunfts- und Garantiefunktion der Marke. Um die Herkunfts- und Garantiefunktion aufrecht erhalten zu können, müsse das Warenzeichen dauerhaft eng mit dem Geschäftsbetrieb verbunden sein und dürfe nicht ohne diesen auf einen Erwerber übergehen. Das Warenzeichen sei deshalb keinesfalls ein eigenständiges Gut, welches frei übertrag- und veräußerbar sei, sondern akzessorisch an den Geschäftsbetrieb gebunden.[763] Würde das Zeichen nun ohne den Geschäftsbetrieb auf einen neuen Erwerber übergehen, wäre die Herkunft nicht mehr offensichtlich und die Abnehmer würden über die Herkunft der Ware getäuscht werden.[764]

Die vollständige Abschaffung des Akzessorietätsgrundsatzes erfolgte durch Inkrafttreten des § 3 MarkenG im Jahre 1995, der für die Anmeldung der Marke keinen Geschäftsbetrieb mehr voraussetzte. Zuvor änderte der § 47 Nr. 3 ErstrG den § 8 Abs. 1 S. 1 WZG dahingehend ab, dass das Warenzeichenrecht unabhängig von der Übertragung oder dem Übergang des Geschäftsbetriebes oder eines Teils des Geschäftsbetriebes auf einen anderen übertragen werden konnte.

---

761 RG 14.02.1882 – II 462/82 – RGZ 6, 75 (76); RG 15.01.1904 – II 235/09 – RGZ 56, 369 (371); RG 18.01.1935 - II 266/34 - RGZ 146, 325 (331); RG 26.03.1935 - II 277/34 - RGZ 147, 332 (335 f.); RG 07.07.1936 – II 306/35 - *RG* GRUR 1936, 1078 (1080) – Macholl. Dann auch in der ständigen Rechtsprechung des BGH, *BGH* GRUR 1964, 372 (374) – Maja; *BGH* GRUR 1964, 454 (455) – Palmolive; *BGH* GRUR 1967, 89 (91 f.) – Rose; *BGH* GRUR 1971, 574 (574) – Nacado.

762 *Smoschewer,* GRUR 1929, 256 (257); *Schluep,* Markenrecht als subjektives Recht, S. 70; *Schwank,* Entwicklung des Markenwesens, S. 78; *Ludwig,* Die Übertragbarkeit des Warenzeichens, S. 39; *Tetzner,* WZG, § 8 Rn. 4. – Dazu neuerdings *Storkebaum/ Kraft/ Endemann/ Klock,* WZG, § 8 Rn. 4; *Hartgen,* WZG, § 8 Rn. 8; *Busse,* WZG, § 8 vor Anm. 1; *Gamm,* WZG, Einf. Rn. 45, § 8 Rn. 23.

763 *Osterrieth,* Lehrbuch des Gewerblichen Rechtsschutzes, S. 346 f.; *Seligsohn,* Schutz der Warenbezeichnungen, S. 111; *Ludwig,* Die Übertragbarkeit des Warenzeichens, S. 39; *Pinzger,* WZG, § 8 Anm. 12; *Pinzger/ Heinemann,* Das deutsche Warenzeichenrecht, S. 20 mitunter wurde das Warenzeichen auch als Zubehör des Geschäftsbetriebes angesehen *Gierke,* Deutsches Privatrecht Bd. I, S. 738; *Tetzner,* WZG, § 8 Rn. 5, 8; *Ludwig,* Die Übertragung des Warenzeichens, S. 39; *Freund/ Magnus/ Jüngel,* Das deutsche Warenzeichenrecht, S. 374; *Finger,* Das Reichsgesetz zum Schutze der Warenbezeichnungen, S. 196. – Dazu neuerdings *Busse,* WZG, § 8 vor Anm. 3.

764 *Allfeld,* Gewerblicher Rechtsschutz, S. 101; *Seligsohn,* Schutz der Warenbezeichnungen, S. 111; *Kent,* Waarenbezeichnungen, S. 34; *Ghiron,* GRUR 1928, 737 (737); *Isay,* GRUR 1929, 23 (34); *Tetzner,* WZG, § 8 Rn. 4. – Dazu neuerdings *Storkebaum/ Kraft/ Endemann/ Klock,* WZG, § 8 Rn. 4; *Hartgen,* WZG, § 8 Rn. 8; *Gamm,* WZG, § 8 Rn. 23; *Busse,* WZG, § 8 vor Anm. 1.

Gemäß § 27 Abs. 1 MarkenG kann das durch die Eintragung, die Benutzung oder die notorische Bekanntheit einer Marke begründete Recht für alle oder für einen Teil der Waren oder Dienstleistungen, für die die Marke Schutz genießt, auf andere übertragen werden oder übergehen. Anders als das Urheberrecht, welches nach § 29 S. 1 UrhG unübertragbar ist, kann das Markenrecht also vollständig auf den Erwerber übergehen. Während § 27 MarkenG die unbeschränkte Rechtsübertragung der Marke regelt, normiert § 30 MarkenG das materielle Markenlizenzvertragsrecht, mithin die beschränkte Rechtsübertragung.[765] § 30 Abs. 1 MarkenG ermöglicht sowohl die ausschließliche als auch die nicht ausschließliche Erteilung einer Markenlizenz.[766] Bei einer nicht ausschließlichen oder einfachen Lizenz erhält der Lizenznehmer lediglich ein Mitbenutzungsrecht, welches ihm neben anderen Lizenznehmern gewährt wird.[767] Demgegenüber ist der Lizenznehmer einer ausschließlichen Lizenz zur alleinigen Nutzung berechtigt.[768]

II. Das Warenzeichenrecht als Persönlichkeitsrecht

Als einer der ersten Autoren ordnete *Josef Kohler* (1884) das Warenzeichenrecht den Persönlichkeitsrechten zu.[769] Für *Kohler* bildete das Warenzeichen das Kennzeichen der Person, von welcher die Ware stamme und stelle das „Symbol des Geistes und der Leistung“ des Unternehmers dar.[770] Das Warenzeichen sei das „Charakteristikum der Persönlichkeit, welche die Ware deckt, steht sie der Persönlichkeit und nur ihr zu: sie steht ihr ausschließlich zu, ähnlich dem Namen, ähnlich dem Künstlermonogramme, ähnlich der Firma“.[771] Aus diesem Grund sei die Beziehung der Person zu dem Warenzeichen eine personenrechtliche. Hinter dem Warenzeichen verberge sich die Produktionstätigkeit des Erzeugers, so dass das Recht des Erzeugers, „als solcher anerkannt zu werden, und das Recht zu verlangen, dass dem Erzeuger kein fremdes Recht untergeschoben wird, […] einer der wichtigsten Ausflüsse des Persönlichkeitsrechts“[772] sei. Somit komme

---

765 *Fezer,* MarkenG,§ 30 Rn. 1.

766 Zur historischen Entwicklung der Markenlizenz ausführlich *Pahlow,* Lizenz und Lizenzvertrag, S. 122 ff.; *Coordes,* Markenlizenz, S. 17 ff.

767 *Ingerl/ Rohnke,* MarkenG, § 30 Rn. 18; *Nordemann,* Markenrecht, Rn. 1056; *Taxhet,* in: Kur, MarkenG, § 30 Rn. 38; *Sosnitza,* Markenrecht, § 8 Rn. 9.

768 *Nordemann,* Markenrecht, Rn. 1056; *Ingerl/ Rohnke,* MarkenG, § 30 Rn. 16; *Taxhet,* in: Kur, MarkenG, § 30 Rn. 36; *Sosnitza,* Markenrecht, § 8 Rn. 9.

769 *Kohler,* Markenschutz, S. 73 ff.

770 *Kohler,* Warenzeichenrecht, S. 64.

771 *Kohler,* Markenschutz, S. 229.

772 *Kohler,* Warenzeichenrecht, S. 62.

durch das Warenzeichen die Person zur Geltung und drücke die Persönlichkeit des Erzeugers aus.[773] Dem Warenzeichen wohne nur deshalb ein Wert inne, weil es die Persönlichkeit widerspiegele und als Erkennungszeichen die Herkunft einer Ware zu einer bestimmten Person und dessen Geschäftshaus ankündigen wolle.[774] Nur bei einer Veräußerung der Marke mit dem Geschäftsbetrieb könne der „fortdauernde Einfluss der Persönlichkeit" sichergestellt werden.[775] *Kohler* begründete den Akzessorietätsgrundsatz mit der Natur des Rechts am Warenzeichen.[776] Da das Zeichen Ausdruck der Persönlichkeit des Geschäftsinhabers sei, stellte die Bindung des Zeichens an den Geschäftsbetrieb für *Kohler* die logische Konsequenz seiner persönlichkeitsrechtlichen Einordnung des Warenzeichens dar. Eine Trennung des Warenzeichens vom Geschäftsbetrieb und die anschließende Veräußerung des Warenzeichens waren damit nicht möglich, weil das Warenzeichen stets einen Teil der Persönlichkeit des Geschäftsinhabers bildete. Der engen Bindung des Geschäftsinhabers zu seinem Warenzeichen sollte folglich durch die Akzessorietät des Warenzeichens Rechnung getragen werden.

Neben *Kohler* ordneten um die Jahrhundertwende sowohl weite Teile der Literatur[777] als auch das Reichsgericht[778] das Warenzeichenrecht als Individual- bzw. Persönlichkeitsrecht ein. Dem Grunde nach unterschieden sich die Überlegungen der Autoren kaum. Das Warenzeichen stelle eine Verbindung der Person des Geschäftsführers mit der Ware her. Ferner diene das Zeichen dem Hinweis auf die Herkunft einer bestimmten Ware zu einer bestimmten Person und verhindere die falsche Zuordnung eines Produkts, denn nur dem wahren Produzenten sollen die Früchte seiner Arbeit gesichert werden.[779] Anders als

---

773 *Kohler,* Warenzeichenrecht, S. 64.

774 *Kohler,* Warenzeichenrecht, S. 64

775 *Kohler,* Markenschutz, S. 229 f.; *ders.,* Warenzeichenrecht, S. 150.

776 *Sattler,* Markenrecht, S. 18.

777 *Klostermann,* Urheberrecht und Verlagsrecht, S. 4 f., 214; *Gareis,* BuschsA 35 (1877), 185 (206 ff.); *ders.,* Die Privatrechtssphären im modernen Kulturstaate, Zeitschrift für Gesetzgebung und Praxis auf dem Gebiete des Deutschen öffentlichen Rechts, Jg. 3 (1877), 137 (138); *Gierke,* Deutsches Privatrecht Bd. I (1895), S. 717 ff., 728; *Kent,* Waarenbezeichnungen (1897), S. 13; *Seligsohn,* Schutz der Warenbezeichnungen (1905), S. 14; *Osterrieth,* Lehrbuch des Gewerblichen Rechtsschutzes (1908), S. 377; *Allfeld,* Gewerblicher Rechtsschutz, S. 101 sogar noch *Cahn,* MuW 1931, 69 (70).

778 RG 30.11.1906 - II 180/06 - RGZ 64, 397 (398); RG 07.11.1908 - I 638/07 - RGZ 69, 401 (403); RG 19.06.1923 - II 92/23 - RGZ 108, 8 (9); RGZ 18, 28; RG 12.05.1926 - I 287/25 - RGZ 113, 413 (414).

779 *Pinzger/ Heinemann,* Das deutsche Warenzeichenrecht, S. 18; *Seligsohn,* Schutz der Warenbezeichnungen, S. 14; *Allfeld,* Gewerblicher Rechtsschutz, S. 101.

bei Patent- und Urheberrechten werde beim Warenzeichenrecht kein körperliches Gut geschützt, welches auf der Erfindungsgabe des menschlichen Geistes beruhe, sondern ein bereits bestehendes Gut besonders gekennzeichnet.[780] Überdies stelle das Warenzeichenrecht „kein Genussgut dar, dessen wirtschaftliche Nutzung dem Zeicheninhaber ausschließlich gesichert sei, etwa nach Analogie des Patent,- Muster- oder Urheberrechts".[781]

Da eine Loslösung und Übertragung der Marke als Kennzeichnung der Persönlichkeit kaum vorstellbar war, hemmte die theoretische Einordnung des Warenzeichens als Persönlichkeitsrecht des Markeninhabers die selbständige wirtschaftliche Verwertung des Warenzeichens.[782] Daher kam es schon am Ende des 19. Jahrhunderts zu kritischen Stimmen, die für eine Übertragbarkeit bzw. Verkehrsfähigkeit des Zeichens eintraten. Nach *Gierke* könnten manche Persönlichkeitsrechte trotz ihrer grundsätzlichen Unübertragbarkeit „ganz oder teilweise der Ausübung nach, manche sogar der Substanz nach auf eine andere Person übertragen werden".[783] Zwar seien einzelne Persönlichkeitsrechte nicht für sich, „aber in Verbindung mit anderen Rechten, zu dem sie in einem Abhängigkeitsverhältnis gesetzt sind", übertragbar.[784] Zu diesen Rechten zählte *Gierke* „die Persönlichkeitsrechte, die mit einem Geschäftsbetrieb verbunden" seien.[785] *Gierke* versuchte also einen Kompromiss zwischen der Einordnung des Warenzeichenrechts als Persönlichkeitsrecht und dem Bedürfnis der wirtschaftlichen Verwertung des Warenzeichens durch den Rechtsinhaber zu finden.

Andere zweifelten die Einordnung des Warenzeichenrechts als Persönlichkeitsrecht bereits Anfang des 20. Jahrhunderts an. Das Warenzeichen sei – wenn auch nur in Verbindung mit dem Geschäftsbetrieb – übertragbar und könne sich somit vom seinem ursprünglichen Inhaber loslösen. Demgegenüber seien Persönlichkeitsrechte grundsätzlich unübertragbar und untrennbar mit ihrem Inhaber verbunden.[786]

---

780 *Osterrieth,* Lehrbuch des Gewerblichen Rechtsschutzes (1908), S. 377; *Kohler,* Markenschutz, S. 74.

781 *Osterrieth,* Lehrbuch des Gewerblichen Rechtsschutzes, S. 377

782 *Klippel,* Der zivilrechtliche Schutz des Namens, S. 144; *Pahlow,* Lizenz und Lizenzvertrag, S. 175 f.; *Kur,* GRUR 1990, 1 (10).

783 *Gierke,* Deutsches Privatrecht Bd. I, S. 707 f.

784 *Gierke,* Deutsches Privatrecht Bd. I, S. 707 f.

785 *Gierke,* Deutsches Privatrecht Bd. I, S. 707 f.

786 *Schwank,* Entwicklung des Markenwesens, S. 26; *Ludwig,* Die Übertragbarkeit des Warenzeichens, S. 13; *Sandreuther,* Markenrecht, S. 26; *Falb,* Fabrik- und Handelsmarke, S. 30; *Urlichs,* Das Wesen des Immaterialgüterrechts, S. 72. – Dazu neuerdings *Götting,* Persönlichkeitsrechte, S. 113.

Liebrecht, Ehrhard: Die Zweckübertragungslehre im ausländischen Urheberrecht, München 1983.

Loewenheim, Ulrich: Handbuch des Urheberrechts, 2. Auflage, München 2010.

Lübtow, Ulrich von: Erbrecht – Eine systematische Darstellung, Erster Halbband, Berlin 1971.

Luther, Christoph: Die juristische Analogie, JURA 2013, Heft 5, S. 449–453.

Machlup, Fritz: Die wirtschaftlichen Grundlagen des Patentrechts, Weinheim 1962.

Machlup, Fritz: Die wirtschaftlichen Grundlagen des Patentrechts, GRUR Int. 1961, S. 373–390, 473–482, 534–537. [zit.: *Machlup*, Die wirtschaftlichen Grundlagen des Patentrechts]

Mächtel, Florian. Das Patentrecht im Krieg, Tübingen 2009.

Magold, Hanns Arno: Personenmerchandising – Der Schutz der Persona im Recht der USA und Deutschlands, Frankfurt am Main 1994.

Maracke, Catharina: Die Entstehung des Urheberrechtsgesetzes von 1965, Berlin 2003.

McGuire, Mary – Rose: Die Lizenz – Eine Einordnung in die Systemzusammenhänge des BGB und des Zivilprozessrechts, Tübingen 2012.

Merkel, Joachim: Der Begriff des Immaterialgüterrechts, Erlangen 1961.

Merkel, Jörg: Möglichkeiten und Grenzen einer Anwendung der Zweckübertragungstheorie im Erfinder-, Patent- und Gebrauchsmusterrecht, Frankfurt am Main 1974.

Merkel, Matthias: Die Vermarktung von Teilaspekten des Persönlichkeitsrechts nach dem allgemeinen Zivilrecht und dem Markenrecht, Hamburg 2014.

Mes, Peter: Patentgesetz Gebrauchsmustergesetz – Kommentar, München 1997. [zit.: Mes/ *Bearbeiter*, PatG 1997]

Mes, Peter: Patentgesetz Gebrauchsmustergesetz – Kommentar, 4. Auflage, München 2015. [zit.: Mes/ *Bearbeiter*, PatG]

Michalsky, Udo: Die Marke in der Wettbewerbsordnung nach dem Inkrafttreten des Markengesetzes, Baden-Baden 1996.

Möllers, Thomas M.J.: Juristische Methodenlehre, München 2017.

Moser von Filseck, Richard: Nachruf auf Willy Hoffmann, GRUR 1942, S. 377–377.

Movsessian, Vera: Spielfilmauswertung – Zweckübertragungstheorie und neue audio-visuelle Medien – Eine Entgegnung, GRUR 1974, S. 371–376.

Müsse, Hans-Gabriel: Das Urheberpersönlichkeitsrecht unter besonderer Berücksichtigung der Veröffentlichung und der Inhaltsmitteilung, Tübingen 1999.

Nazari-Khanachayi, Arian: Rechtfertigungsnarrative des Urheberrechts im Praxistest, Tübingen 2016.

Nordemann, Axel/ Nordemann, Jan Bernd/ Nordemann-Schiffel, Anke: Wettbewerbsrecht Markenrecht, 11. Auflage, Baden-Baden 2012. [zit.: *Nordemann*, Markenrecht]

Nordemann, Jan Bernd: AGB-Kontrolle von Nutzungsrechtseinräumungen durch den Urheber, NJW 2012, S. 3121–3125. [zit.: *J.B. Nordemann*, NJW 2012, 3121]

Nordemann, Jan Bernd: Der Unterschied zwischen Einräumung und Übertragung von Nutzungsrechten im Urheberrecht - auch ein Beitrag zur Begriffswahl „Übertragungszweckgedanke“ in: *Büscher, Wolfgang/ Erdmann, Willy/ Haedicke, Maximilian/ Köhler, Helmut/ Loschelder, Michael*: Festschrift für Joachim Bornkamm zum 65. Geburtstag, S. 907–916, München 2014. [zit.: *J.B. Nordemann*, FS Bornkamm]

Nordemann, Wilhelm: Das neue Urhebervertragsrecht - Ein Grundriss, München 2002. [zit.: *Nordemann, W.*, Urhebervertragsrecht]

Nordemann, Wilhelm: Die Anwendbarkeit der Zweckübertragungstheorie im Leistungsschutzrecht, UFITA 58 (1970), S. 1–11. [zit.: *Nordemann, W.*, UFITA Bd. 58 (1970), 1]

Nordemann, Wilhelm: Heimfallrecht und Verzicht im Urheberrecht, GRUR 1969, S. 127–130. [zit.: *Nordemann, W.*, GRUR 1969, 127]

Nordemann, Wilhelm: Mona Lisa als Marke – Re-Monopolisierung gemeinfreien Geistesguts mit Hilfe des Markenrechts?, WRP 1997, S. 389–392. [zit.: *Nordemann, W.*, WRP 1997, 389]

Nordemann, Wilhelm: Urheber- und Urhebervertragsrecht. Ein Lehrbuch, GRUR 1998, S. 753–753. [zit.: *Nordemann, W.*, GRUR 1998, 753]

Olenhusen, Albrecht Götz von: Der Arbeitnehmer-Urheber im Spannungsfeld zwischen Urheber,- Vertrags- und Arbeitsrecht, ZUM 2010, S. 474–482.

Onken, Carola: Die Verwechslungsgefahr bei Namensmarken, Tübingen 2011.

Oppermann, Annette: Musikalische Klassiker-Ausgaben des 19. Jahrhundert – Eine Studie zur deutschen Editionsgeschichte am Beispiel von Bachs *Wohltemperiertem Clavier* und Beethovens Klaviersonaten, Göttingen 2001.

Ory, Stephan: Das neue Urhebervertragsrecht, AfP 2002 Heft 2, S. 93–104.

Pahlow, Louis: Das Recht an der Marke als Benutzungsrecht des Markeninhabers, MarkenR 2006, S. 97–104. [zit.: *Pahlow*, MarkenR 2006, 97]

Pahlow, Louis: Die Idee des geistigen Eigentums zwischen Schöpferprinzip und Investitionsschutz, ARSP Bd. 98, Heft 1 (2012), S. 121–138. [zit.: *Pahlow*, ARSP Bd. 98 (2012), 121]

Pahlow, Louis: „Intellectual property", „propriété intellectuelle" und kein „Geistiges Eigentum"? Historisch-kritische Anmerkungen zu einem umstrittenen Rechtsbegriff, UFITA 115 (2006), S. 705–726. [zit.: *Pahlow*, UFITA 115 (2006), 705]

Pahlow, Louis: Josef Kohler und der Begriff des Immaterialgüterrechts, ZGE/ IPJ 6 (2014), S. 429–442. [zit.: *Pahlow*, ZGE/ IPJ 6 (2014), 429]

Pahlow, Louis: Lizenz und Lizenzvertrag im Recht des Geistigen Eigentums, Tübingen 2006. [zit.: *Pahlow*, Lizenz und Lizenzvertrag]

Pahlow, Louis: Von Müttern, Töchtern und Enkeln – Zu Rechtscharakter und Wirkung des urheberrechtlichen Rückrufs, GRUR 2010, S. 112–119. [zit.: *Pahlow*, GRUR 2010, 112]

Palandt, Otto (Hg.): Bürgerliches Gesetzbuch, 69. Auflage, München 2001. [zit.: *Bearbeiter*, in: Palandt, BGB 60. Aufl. (2001)]

Palandt, Otto (Hg.): Bürgerliches Gesetzbuch, 77. Auflage, München 2018. [zit.: *Bearbeiter*, in: Palandt, BGB]

Peifer, Karl-Nikolaus: Die Individualität im Zivilrecht – Der Schutz persönlicher, gegenständlicher und wettbewerblicher Individualität im Persönlichkeitsrecht, Immaterialgüterrecht und Recht der Unternehmen, Tübingen 2001.

Picot, Henriette: Abstraktion und Kausalabhängigkeit im deutschen Immaterialgüterrecht, Baden-Baden 2007.

Pierson, Matthias/ Ahrens, Thomas/ Fischer, Karsten: Recht des geistigen Eigentums – Patente, Marken, Urheberrecht, Design, 3. Auflage, Baden-Baden 2014.

Preu, Albert: Das Erfinderpersönlichkeitsrecht und das Recht auf das Patent in: *Forkel, Hans/ Kraft, Alfons:* Beiträge zum Schutz der Persönlichkeit und ihrer schöpferischen Leistung. Festschrift für Heinrich Hubmann zum 70. Geburtstag, München 1985.

Rarisch, Ilsedore: Industrialisierung und Literatur. Buchproduktion, Verlagswesen und Buchhandel in Deutschland im 19. Jahrhundert in ihrem statistischen Zusammenhang, Berlin 1976.

Rebitzki, Helmut: Zur Rechtsprechung des BGH in der Frage der Vergütungspflicht für Diensterfindungen, GRUR 1963, S. 555–558.

Rehbinder, Manfred: Das Recht am Arbeitsergebnis und Urheberrecht, in: *Herschel, Wilhelm/ Klein, Friedrich/ Rehbinder, Manfred (Hg.):* Festschrift für Georg Roeber, S. 481–506, Berlin 1973.

Rehbinder, Manfred/ Peukert, Alexander: Urheberrecht – Ein Studienbuch, 17. Auflage, München 2015.

Reimer, Dieter: Vertragsfreiheit im Urheberrecht, Weinheim/ New York 1977.

Reimer, Dieter: Schranken der Rechtsübertragung im Urheberrecht, GRUR 1962, S. 619–635. [zit. als: *Reimer*, GRUR 1962, 619]

Reimer, Eduard (Begr.)/ Richter, Bruno/ Trünstedt, Wilhelm/ Heydt, Ludwig (Bearb.): Wettbewerbs- und Warenzeichenrecht – Systematischer Kommentar 1. Band Warenzeichen und Ausstattung, 4. Auflage, Köln/ Berlin/ Bonn/ München 1966. [zit.: *Reimer*, Warenzeichenrecht]

Reimer, Eduard/ Schippel, Helmut: Die Vergütung von Arbeitnehmererfindungen, Stuttgart 1956.

Reimer, Eduard/ Schade, Hans/ Schippel, Helmut: Das Recht der Arbeitnehmervergütung, Berlin 1964.

Repenn, Wolfgang/ Spitz, Volker: Die Marke als selbständiges Wirtschaftsgut, WM 1994, S. 1653–1659.

Richardi, Richard/ Wlotzke, Otfried/ Wißmann, Hellmut/ Oetker, Hartmut: Münchener Handbuch zum Arbeitsrecht, 3. Auflage, München 2009.

Riesenhuber, Karl: Die Auslegung des Wahrnehmungsvertrags, GRUR 2005, S. 712–720. [zit.: *Riesenhuber*, GRUR 2005, 712]

Riesenhuber, Karl: Nutzung von Musik für Werbezwecke, ZUM 2010, S. 137–145. [zit.: Riesenhuber, ZUM 2010, 137]

Rojahn, Sabine: Der Arbeitnehmerurheber in Presse, Funk und Fernsehen, München 1978.

Rüthers, Bernd/ Stadler, Astrid: Allgemeiner Teil des BGB, 19. Auflage, München 2017.

Ruijsenaars, Heijo Enrico: Die Verwertung des Werbewerts bekannter Marken durch den Markeninhaber Teil 1: Ein Vergleich zwischen Deutschland und den Niederlanden, GRUR Int. 1988, S. 385–394.

Sack, Rolf: Arbeitnehmer-Urheberrechte an Computerprogrammen nach der Urheberrechtsnovelle, UFITA 121 (1993), S. 15–44.

Säcker, Franz Jürgen/ Rixecker, Roland/ Oetker, Hartmut/ Limperg, Bettina (Hg.): Münchner Kommentar zum Bürgerlichen Gesetzbuch, Band 1, Allgemeiner Teil, 8. Auflage, München 2018.

Sahmer, Heinz: Der Arbeitnehmer im Spiegel des Urheberrechts und der verwandten Schutzrechte, UFITA 21 (1956), S. 34–39.

Sahr, Katharina: Die Marken- und Eintragungsfähigkeit von Persönlichkeitsmerkmalen – Zugleich Anmerkung zu BPatG „Porträtfoto Marlene Dietrich“ und „GEPRG-SIMON-OHM“, GRUR 2008, S. 461–470.

Sattler, Andreas: Die Emanzipation des Markenrechts – Entwicklung und Abschaffung des Akzessorietätsgrundsatzes, ZGE/ IPJ 5 (2013), S. 429–467. [zit.: *Sattler*, ZGE/ IPJ 5 (2013), 429]

Sattler, Andreas: Emanzipation und Expansion des Markenrechts – Die Entstehungsgeschichte des Markengesetzes von 1995, Tübingen 2015. [zit.: *Sattler,* Markenrecht]

Schacht, Sascha: Die Einschränkung des Urheberpersönlichkeitsrechts im Arbeitsverhältnis, Göttingen 2004.

Schack, Haimo: Urheber- und Urhebervertragsrecht, 7. Auflage, Tübingen 2015.

Schade, Hans: Der Erfinder, GRUR 1977, S. 390–394. [zit.: *Schade,* GRUR 1977, 390]

Schade, Hans: Zu Fragen des Arbeitnehmererfinderrechts, GRUR 1958, S. 519–527. [zit.: *Schade,* GRUR 1958, 519]

Schertz, Christian: Merchandising – Rechtsgrundlagen und Rechtspraxis, München 1997. [zit.: *Schertz,* Merchandising]

Schierenberg, Giso: § 31 Abs. 5 UrhG im Kontext des neuen Urhebervertragsrechts, AfP 2003, S. 391–395.

Schippan, Martin: Klare Worte des BGH zur Wirksamkeit von Honorarbedingungen für freie Journalisten, ZUM 2012, S. 771–781.

Schluep, Walter, Das Markenrecht als subjektives Recht, Basel 1964.

Schmidt, Alexander K.: Erfinderprinzip und Erfinderpersönlichkeitsrecht im deutschen Patentrecht von 1877 bis 1936, Tübingen 2009.

Schmidt, Nike: Verwertung von Musikrechten: Eine urheberrechtliche Studie zur Nutzungsart am Beispiel der Vervielfältigung in Online-Bereich, Baden-Baden 2017.

Schönherr, Fritz: Zur Begriffsbildung im Immaterialgüterrecht in: *Brügger, Paul:* Homo Creator – Festschrift für Alois Troller, S. 57–87, Basel 1976.

Schramm, Carl: Grundlagenforschung auf dem Gebiete des gewerblichen Rechtsschutzes, Berlin 1954.

Schricker, Gerhard: Verlagsgesetz – Kommentar zum Gesetz über das Verlagsgesetz vom 19.06.1901, 3. Auflage, München 2001. [zit.: *Schricker,* Verlagsgesetz]

Schricker, Gerhard/ Loewenheim, Ulrich (Hg.): Urheberrecht – Kommentar, 4. Auflage, München 2010. [zit.: Schricker/ Loewenheim/ *Bearbeiter,* UrhG (2010)]

Schricker, Gerhard/ Loewenheim, Ulrich/ Leistner, Matthias/ Ohly, Ansgar (Hg.): Urheberrecht – Kommentar, 5. Auflage, München 2017. [zit.: Schricker/ Loewenheim/ *Bearbeiter,* UrhG]

Schulte, Rainer: Patentgesetz mit Europäischem Patentübereinkommen – Kommentar auf der Grundlage der deutschen und europäischen Rechtsprechung, Köln 2013.

Schulze, Gernot: Die Übertragungszwecklehre – Auslegungsregel oder Inhaltsnorm?, GRUR 2012, S. 993–996.

Schulze Wessels, Lambert: Die Vermarktung Verstorbener: Persönlichkeitsrechtliche Abwehr- und Ersatzansprüche, Berlin 2001.

Schwab, Brent: Arbeitnehmererfindungsgesetz, Baden-Baden 2014.

Schwab, Brent: Der Arbeitnehmer als Urheber, NZA-RR 2015, S. 5–9. [zit.: *Schwab*, NZA-RR 2015, 5]

Schwab, Brent: Warum kein Arbeitnehmerurheberrecht? Zur Unzulänglichkeit des § 43 UrhG, ArbuR 1993, Vol. 41, No. 5 (Mai 1993), S. 129–136. [zit.: *Schwab*, ArbuR 1993, 129]

Schwank, Max: Die Entwicklung des Markenwesens und die freie Uebertragbarkeit der Marke, Wädenswil 1953.

Schwartz, Gustav: Freie Übertragbarkeit der Marke?, MA 1995, S. 147–161.

Schwarz, Tom Jonathan: Die Beendigung urheberrechtlicher Nutzungsrechte – Eine dogmatische Analyse der Auswirkung der Beendigung auf die in der Rechtskette abgeleiteten Nutzungsrechte, Baden-Baden 2018.

Schwaiger, Hennig/ Kockler, Franz-Josef: Zum Inhalt und Anwendbarkeit der sog. Zweckübertragungstheorie, UFITA 73 (1975), S. 21–61.

Schweyer, Stefan: Die Zweckübertragungstheorie im Urheberrecht, München 1982.

Simon, Jürgen: Das allgemeine Persönlichkeitsrecht und seine gewerblichen Erscheinungsform – Ein Entwicklungsprozess, Berlin 1981.

Sonnenberg, Marcus: Die Einschränkbarkeit des patentrechtlichen Unterlassungsanspruchs im Einzelfall, Wiesbaden 2014.

Sosnitza, Olaf: Deutsches und europäisches Markenrecht, 2. Auflage, München 2015.

Spindler, Gerald/ Schuster, Fabian (Hg.): Recht der elektronischen Medien – Kommentar, 3. Auflage 2015.

Srocke, Marc-Oliver: Das Abstraktionsprinzip im Urheberrecht, Frankfurt am Main 2008.

Staudinger, Julius von: Kommentar zum Bürgerlichen Gesetzbuch: Staudinger BGB, Buch 1, Allgemeiner Teil 3 (§§ 90-124; §§ 130-133), 14. Auflage, Berlin 2012.

Stier, Dominik Sebastian: Die Unterbrechung urheberrechtlicher Lizenzketten, Göttingen 2014.

Stöckel, Maximiliane/ Lüken, Uwe: Handbuch Markenrecht, Berlin 2003.

Storkebaum, Rupprecht/ Kraft, Alfons/ Endemann, Karl-Albrecht/ Klock, Victor: Warenzeichengesetz, Berlin/ Heidelberg/ New York 1967.

Sundermann, Heinz-Georg: Nutzungs- und Vergütungsanspruch von Softwareentwicklung im Arbeitsverhältnis, GRUR 1988, S. 350–355.

Teplitzky, Otto: Die Warezeichenveräußerung durch den Konkursverwalter im Konkurs über das Vermögen des Zeicheninhabers, in: *Westermann, Harm-Peter/ Roesner, Wolfgang*: Festschrift für Karlheinz Quack zum 65. Geburtstag am 3. Januar 1991, S. 111–118, Berlin/ New York 1991.

Tetzner, Heinrich: Kommentar zum Patentgesetz und zum Gebrauchsmustergesetz, 2. Auflage, Nürnberg/ Düsseldorf 1951.

Tetzner, Heinrich: Kommentar zum Warenzeichengesetz, Heidelberg 1958. [zit.: *Tetzner*, WZG]

Tietzel, Manfred: Literaturökonomik, Tübingen 1995.

Timmann, Tobias: Das Patentrecht im Lichte von Art. 14 GG; Tübingen 2008.

Troller, Alois: Bedenken zum Urheberpersönlichkeitsrecht, Baden-Baden 1959.

Troller, Alois: Immaterialgüterrecht – Patent-, Marken-, Urheber-, Muster- und Modell-, Wettbewerbsrecht, Band I, Basel/ Stuttgart 1959. [zit.: *Troller*, Immaterialgüterrecht, Bd. I]

Troller, Alois: Immaterialgüterrecht – Patent-, Marken-, Urheber-, Muster- und Modell-, Wettbewerbsrecht, Band I, 3. Auflage, Basel/ Frankfurt am Main 1983. [zit.: *Troller*, Immaterialgüterrecht, Bd. I, 3. Aufl.]

Ullmann, Eike: Persönlichkeitsrechte in Lizenz?, AfP 3/ 1999, S. 209–214.

Ullmann, Elke: Das urheberrechtlich geschützt Arbeitsergebnis – Verwertungsrecht und Vergütungspflicht, GRUR 1987, S. 6–14.

Ulmer, Eugen: Rechtsvergleichung und Grundlagenforschung im Urheberrecht und gewerblichen Rechtsschutz, GRUR Int. 1968, S. 1–7.

Ulmer, Eugen: Urheber- und Verlagsrecht, Berlin/ Göttingen/ Heidelberg 1951.

Ulmer, Eugen: Urheber- und Verlagsrecht, 3. Auflage, Berlin/ Heidelberg/ New York 1980. [zit.: *Ulmer*, Urheber- und Verlagsrecht (1980)]

Ulmer, Peter/ Brandner, Erich/ Hensen, Horst-Dieter: AGB-Recht – Kommentar zu den §§ 305-310 BGB und zum UKlaG, 12. Auflage, Köln 2016.

Ulrici, Bernhard: Vermögensrechtliche Grundlagen des Arbeitnehmerurheberrechts, Tübingen 2008.

Umbeck, Elke: Rechtsübertragungsklauseln bei der Filmauftrags- und Koproduktion öffentlich-rechtlicher Rundfunkanstalten, München 2000.

Veigel, Patrick: Immaterialgüterrechte im Arbeitsverhältnis – Entstehung, Zuordnung, Vergütung, Köln 2016.

Vinck, Kai: Die Rechtsstellung des Urhebers im Arbeits- und Dienstverhältnis, Berlin 1972.

Vocke, Wilfried: Das Persönlichkeitsrecht des Erfinders unter besonderer Berücksichtigung der Erfindungen ohne Schutzrecht, Tübingen 1965.

Vogel, Martin: Urheberpersönlichkeitsrecht und Verlagsrecht im letzten Drittel des 19. Jahrhunderts, GRUR 1994, S. 587–593. [zit.: *Vogel*, GRUR 1994, 587]

Vogel, Martin: Urheberpersönlichkeitsrecht und Verlagsrecht im letzten Drittel des 19. Jahrhunderts, in: *Wadle, Elmar*: Historische Studien zum Urheberrecht in Europa – Entwicklungslinien und Grundfragen, S. 121–138, Berlin 1993.

Vogt, Ralf-M.: Die urheberrechtlichen Reformdiskussionen in Deutschland während der Zeit der Weimarer Republik und des Nationalsozialismus, Frankfurt am Main 2004.

Volkmer, Jochen: Das Markenrecht im Zwangsvollstreckungsverfahren, Berlin 1999.

Voß, Daniel: Der Anspruch des Urhebers auf angemessene Vergütung und weitere angemessene Beteiligung, Münster 2005.

Wadle, Elmar: Fabrikzeichen und Markenrecht – Geschichte und Gestalt des deutschen Markenschutzes im 19. Jahrhundert, Erster Teil: Entfaltung, Berlin 1976. [zit.: *Wadle*, Fabrikzeichen und Markenrecht, Teil 1]

Wadle, Elmar: Fabrikzeichen und Markenrecht – Geschichte und Gestalt des deutschen Markenschutzes im 19. Jahrhundert, Zweiter Teil: Historisch-dogmatische Grundlinien, Berlin 1983. [zit.: *Wadle*, Fabrikzeichen und Markenrecht, Teil 2]

Wandtke, Artur-Axel: 50 Jahre Urheberrechtsgesetz – eine unendliche Geschichte des Arbeitnehmerurheberrechts, GRUR 2015, S. 831–839. [zit.: *Wandtke*, GRUR 2015, 831]

Wandtke, Artur-Axel/ Bullinger, Winfried: Praxiskommentar zum Urheberrecht, 4. Auflage, München 2014.

Wangemann, P., Das Recht der Angestellten an ihren Erfindungen, Berlin 1911.

Wank, Rolf: Die Auslegung von Gesetzen, 6. Auflage, München 2015.

Wimmers, Jörg/ Rode, Tibor: Der angestellte Softwareprogrammierer und die neuen urheberrechtlichen Vergütungsanspruch – Argumente für die Fortgeltung der bisher geltenden Grundsätze auch nach dem neuen Urhebervertragsrecht, CR 203, S. 399–405.

Wittmann, Reinhard: Buchmarkt und Literatur im 18. und 19. Jahrhundert. Beiträge zum literarischen Leben 1750-1880, Tübingen 1982.

Wolf, Manfred/ Neuner, Jörg: Allgemeiner Teil des Bürgerlichen Rechts, 10. Auflage, München 2012.

Würdinger, Markus: Die Analogiefähigkeit von Normen: Eine methodologische Untersuchung über Ausnahmevorschriften und deklaratorische Normen, AcP 206 (2006), S. 946–979.

Zippelius, Reinhold: Juristische Methodenlehre, 11. Auflage, München 2011.s

Zirkel, Markus: Das neue Urhebervertragsrecht und der angestellte Urheber, WRP 2003, S. 59–65.

Zirkel, Markus: Das Recht des angestellten Urhebers und EU-Recht - Rechtsangleichung und Systembrüche dargestellt am Beispiel des angestellten Softwareentwicklers, Stuttgart 2002. [zit.: *Zirkel,* Das Recht des angestellten Urhebers]

Zurth, Patrick: Rechtsgeschäftliche und gesetzliche Nutzungsrechte im Urheberrecht - Eine dogmatische Analyse der Rechtsnatur und der vertraglichen Gestaltungsmöglichkeiten, Tübingen 2016.

FSC
www.fsc.org
MIX
Papier | Fördert gute Waldnutzung
FSC® C083411

Kolibri 360 GmbH
Ferdinand-Jühlke-Straße 7
99095 Erfurt, Deutschland
produktsicherheit@kolibri360.de